AQUARIUS

AQUARIUS

AQUARIUS

AQUARIUS

Catcher

一如《麥田捕手》的主角，
我們站在危險的崖邊，
抓住每一個跑向懸崖的孩子。
Catcher，是對孩子的一生守護。

名師施教麟解題

46種關鍵題型／
800道基測國文
試題大解析

施教麟 著

【自序】

以試題為鏡，可以得高分

全國規模最大的考試，當推有三十萬考生的國中基測。國中生面臨生平首次重大考試，惶惶然無助心情可想而知。

「考場如同戰場」，許多共襄這場盛舉的家庭，為了打贏五月底的聖戰，莫不全家總動員。明明只有一人要上戰場，卻是全家總動員備戰。「媽媽陪讀，爸爸打聽補習班，爺爺請來家教，奶奶向學校老師請求支援」，這些畫面年復一年在各個家庭上演著。

語云：「家有一老，如有一寶。」

嗚呼！「家有考生」，卻是全家「精神緊繃」。

國文科是基測決戰科目

考生向來最感頭痛的「英數理化」，由於教育鬆綁之故，考題趨向簡易，滿分者舉目皆是。獨國文試題取材無遠弗屆，令人手足無措。曾幾何時，國文一科已成基測之決戰點，「國文成績高低，決定高中職學校分發」已成師生共識。

「春江水暖鴨先知」，敏感的坊間補習班，老早即推出「國文科加強班」招徠學生。

八百題都是寶藏

基測每年兩次，國文科約四十五至四十八道試題，從二〇〇一年首次基測以來，已有八百多道考古題。這些考古題都是寶藏，會善用它的考生，絕對不會自怨自艾，四處哭訴自己是「白老鼠」；會善用它的考生，可以從中窺見命題老師的心思；會善用它的考生，更可測出未來的命題方向，進而能正確而有效的準備。

四十六個必考題型

基於上述理念，我將八百多道歷屆試題整理分析，歸納出四十六回題型，在聯合報教育版專欄發表近一年。期間，不時有考生或家長來電詢問，其急切焦慮之心，筆者感同身受。寶瓶文化事業向來信譽卓著，關心教育不遺餘力，今由其將此專欄整理出書以嘉惠學子，最是適當。

此書之體例計有四單元，簡介如下：

一、歷史不可遺忘——試題精選

此單元由歷年類似題型中，選出具代表性之一題令學生作答，以見趨向。

以「冗詞贅語篇」為例。

下列各句，何者文字使用最為精簡？

（A）電影《魔戒》甫才一上片，影迷隨即爭相走告，因而場場爆滿。
（B）美國九一一事件後，全美各地沒有一處無不是籠罩在恐懼之中。
（C）媒體將偷拍光碟流入到市面，侵犯個人隱私，我們該加以抵制。
（D）政治人物和偶像歌手一同上臺獻唱，將跨年演唱會帶入最高潮。
（二〇〇五年第一次基測試題）

二、撥雲霧見朝日——試題解答

此單元解答並分析上面試題，讓學生知道正確答案之緣由。

【答案】（D）

【解析】

（A）甫才：「甫」就是「才」，當刪一字。

（B）句中，「各地」和「沒有一處」意思相同，當刪一詞。

（C）流入到：「流入」等於「流到」，「入」、「到」當刪一字。

三、經驗必須記取——準備門道

此單元提供類似試題之作答技巧或準備方法。

作答此類試題，可一個字一個字默念選項，通常「不順口」處就是「冗詞贅語」處。……（略）

四、時間回到未來——考題模擬

此單元現學現用，提供類似試題，加強學生答題能力。如：

戲劇結束收場，觀眾紛紛離席」，句中「結束」意同「收場」，是為「冗詞贅語。下列哪個文句沒有冗詞贅語？

（A）一聽到「就業博覽會」，他馬上立刻前去應徵工作。

（B）急單效應發酵，官員說：「經濟春燕彷彿好像已經來了。」
（C）「生老病死」是每個人必須都要經歷的人生課題。
（D）政府推出「免試入學高中職」方案，贊成反對的都有。

【答案】（D）

【解析】
（A）「馬上」意同「立刻」，刪一詞
（B）「彷彿」意同「好像」，刪一詞
（C）「必須」意同「都要」，刪一詞

附加價值多，配套不可少

每日一回，一回花費不出十分鐘，逐日分期付款即可輕鬆讀完本書。讀後之收穫有二，一為掌握出題方向，做出正確的準備；二為成就感及強化信心，此乃「讀完一本書」後之附加價值。

運用本書有其配套，建議考生將歷屆試題確實作答一次，以掌握試題全貌。此外，作答過程處處可見此四十六種類似題目，所謂「知己知彼，百戰百勝」，在熟悉而親切的氛圍下，考生不再恐懼陌生，不再驚慌而失常。

唐代宰相魏徵名言：「以銅為鏡，可以正衣冠；以史為鏡，可以知興替；以人為鏡，可以知得失。」善乎魏生之能言也！以古鑑今，或可言「以試題為鏡，可以得高分」也，是為序。

施教麟

二〇一〇年三月

目錄

目錄

01.字音篇

一、歷史不可遺忘——

試題精選

下列文句「　」中的字詞讀音，何者標示正確？

(A)管制「塑」膠袋的使用，有利於環境保護——ㄙㄨˋ
(B)如果不多做運動，「臀」部肌肉容易鬆弛——ㄉㄧㄢˋ
(C)王小明膽大妄為的行徑，真令人「咋」舌——ㄗㄨㄛˋ
(D)相傳古代帝王有三宮六院，七十二「嬪」妃——ㄅㄧㄣˋ

（二〇〇九年第一次基測試題）

二、撥雲霧見朝日——

試題解答

【答案】(A)

【解析】

(A)「塑」膠、「溯」溪→ㄙㄨˋ；「朔」望→ㄕㄨㄛˋ。

(B)臀→ㄊㄨㄣˊ，俗稱為「屁股」；洗「腎」ㄕㄣˋ。

(C)咋→ㄗㄜˊ，嚼咬舌頭。咋舌，因害怕、悔恨、驚訝而說不出話的樣子。

(D)嬪→ㄆㄧㄣˊ，古代帝王的妻妾之一，也指宮中的女官；「賓」館→ㄅㄧㄣ。

三、經驗必須記取——

準備門道

「熟」悉，讀ㄕㄡˊ或ㄕㄨˊ？滑稽，念ㄍㄨˇ ㄐㄧ或是ㄏㄨㄚˊ ㄐㄧ？這些眾說紛紜又莫衷一是的讀音，可謂「公說公有理，婆說婆有理」。為避免困擾，這些具有爭議性的字音通常不會入選基測考題。

基測字音考題通常是一翻兩瞪眼、放諸四海皆準、沒有異議的讀音，如試題中的「塑」膠袋、「臀」部等。每年基測字音考題甚少，同學不用花費大量心力在此鑽牛角尖，只要留意日常用字（特別是眾人誤讀音），即可輕鬆應答。

若欲查詢字音，可上教育部「國語一字多音審訂表」網站，或教育部「國語辭典」網站。兩者都是官網，皆有一定的公信力。此外，教育部「學習資源網」並提供類似試題或疑問解答服務。

考題模擬

四、時間回到未來——

下列文句「　」中的字詞讀音，何者標示正確？

（A）收到三千六百元消費「券」，小孩喜出望外——ㄐㄩㄢˋ

（B）藝人驟逝，影迷前往哀「悼」致意——ㄉㄧㄠˋ

（C）冬天一到，「涮」涮鍋的生意門庭若市——ㄕㄨㄚ

(D)這家肉包遠近聞名，令人「吮」指回味——ㄕㄨㄣˇ

【答案】(D)

【解析】

(A)消費「券」→ㄑㄩㄢˋ；試「卷」→ㄐㄩㄢˋ

(B)哀「悼」→ㄉㄠˋ；丟「掉」→ㄉㄧㄠˋ

(C)「涮」涮鍋→ㄕㄨㄢˋ，一種烹飪方法。由進食者將切好的薄肉片，放入滾湯中，燙一下即刻取出，沾佐料而食。

(D)「吮」指回味→ㄕㄨㄣˇ，用口吸取。「允」許→ㄩㄣˇ

02. 字形篇

試題精選

一、歷史不可遺忘——

下列各組「 」中的字詞皆為形近字，哪一組用字完全正確？

(A)「悵」然若失／「帳」目管理
(B)「祟」山峻嶺／鬼鬼「崇崇」
(C)「既」時努力／「即」往不咎
(D)愛「拼」才會贏／「拚」圖遊戲

（二〇〇九年第一次基測試題）

試題解答

二、撥雲霧見朝日——

【答案】（A）

【解析】

（A）悵然→憂思失意的樣子。悵，音ㄔㄤˋ；「帳」目、呆「帳」→ㄓㄤˋ。

（B）「崇」山峻嶺／鬼鬼「祟祟」：
宗，音ㄗㄨㄥ（ㄥ韻），「崇」拜、「淙淙」流水，都有「宗」字，收「ㄥ」韻；
祟，音ㄙㄨㄟˋ，沒有「宗」字，故不收「ㄥ」韻。

（C）「即」時努力／「既」往不咎：
「即」時、「即」刻→音ㄐㄧˊ，立刻；「既」往、「既」然→音ㄐㄧˋ，已經。

（D）愛「拚」才會贏／「拼」圖遊戲：
「拚」命、打「拚」→音ㄆㄢˋ，捨棄、豁出去。
「拼」裝車、「拼」圖→ㄆㄧㄣ，組合、湊在一起。
※「拚」、「拼」，形音義皆不同。

三、經驗必須記取——

準備門道

「字形」的準備方法和「字音」相同，出題的方向都是依循「擱置爭議」的原則。

基測考題所挑選字形都是經過中央標準局認定、放諸四海皆準、沒有異議的字體，如上述試題即是。像「靡爛」或「糜爛」、「怵目驚心」或「觸目驚心」、「身分證」或「身份證」，這些帶點爭議性的字形就不易入題了。

同樣的，每年基測字形考題甚少，同學不用耗費大量心力在此鑽牛角尖，只要留意日常用字，並把握課文和小考改錯，即可輕鬆應答。

字形考題除了以上述題型出現外，有時也會以「挑錯」的方式出題，底下試題即是。

四、時間回到未來——

考題模擬

下列文句中，何者用字完全正確？

（A）他整理好遺容後，帶著笑魘，高高興興地出門參加畢業旅行。
（B）膽小的他一看到恐佈電影，就會全身發抖，緊張到無法自已。
（C）品學兼憂的陳同學，脾氣向來溫和，今天卻莫明其妙地發飆。
（D）打鐵趁熱，政府想再送出教育券刺激經濟，卻被批評貿然行事。

【答案】（D）

【解析】

（A）遺容→儀容；笑魘→笑靨。
夢魘：夢中受驚。魘，音 ㄧㄢˇ；笑靨：笑時臉上的微渦。靨，音 ㄧㄝˋ。

（B）恐佈→恐怖；無法自己→無法自已。
自己：本身。自已：自我控制。

（C）品學兼憂→品學兼優；莫明其妙→莫名其妙。
莫「名」其妙：形容。

03. 字義篇

一、歷史不可遺忘——

試題精選

「三思而後行」用「三」來代表多數。下列選項中的「三」字，何者用法與此相同？

（A）三更燈火五更雞
（B）判官還講三分理
（C）逢人只說三分話
（D）貨比三家不吃虧

（二〇〇六年第一次基測試題）

二、撥雲霧見朝日——試題解答

【答案】（D）

【解析】

（A）「三」更燈火五更雞：數字，此處為時間單位。古代以漏刻計時間，從傍晚到次日清晨，分為五個時段，稱為「五更」，每更約兩小時。「三更」，或以為即指子時（晚上十一點至凌晨一點）。

（B）判官還講「三」分理：少、些許。

（C）逢人只說「三」分話：少、些許。

（D）貨比「三」家不吃虧：多。

三、經驗必須記取——準備門道

「字義」試題大多出自簡易古文、名句或成語，如上面試題即是。歷年還曾經考過「古今皆『然』——如此」、「『為』善最樂——做」、「移風『易』俗——改變」等。同學只要知道句子意義，藉由口譯就可輕易得分。

「貨比三家不吃虧」等選項都不是出自課本，而是來自坊間常用語。其取材範圍之廣，著實令人招架無力。其實，只要上課認真聽講，並熟讀課內生難字詞，只要這些基本功練得扎實，就能融會貫通基測「字義」試題。所謂「基測七十分鐘，學校三年功」，正是如此。

有時，「字義」以「實數」、「虛數」方式出題，請看底下模擬試題。

四、時間回到未來——考題模擬

「三從四德」中的「三」與「四」皆代表實際的數量。下列文句「　　」中的數字，何者也是實際的數量？

(A)「百」聞不如一見，陸客非常嚮往阿里山。
(B)在商言商，提到房地產，他就「三」句不離本行。
(C)酒逢知己「千」杯少，話不投機半句多。
(D)「五」子登科是很多人一生追求的目標。

【答案】(D)

【解析】

(A)「百」聞不如一見：很多。此為「虛數」。
(B)「三」句不離本行：少、些許。此為「虛數」。
(C)酒逢知己「千」杯少：很多。此為「虛數」。
(D)五子登科：世俗追求物質滿足，戲以擁有車子、銀子、妻子、兒子、房子為五子登科，所以「五」是實數。

一、歷史不可遺忘——

試題精選

詩文裡面經常利用字詞聲母或韻母的重疊來營造特殊的效果。例如：「蹉跎遊子意，眷戀故人心」中的「蹉跎」就是韻母相同的疊韻詞。下列詩句「　」中的詞語，何者也是疊韻詞？

（A）只恐雨「淋漓」，又見春蕭索。
（B）出門先「躊躇」，入戶亦彷徨。

(C)「逍遙」阡陌上，遠近無相識。

(D)「慷慨」倚長劍，高歌一送君。

(二〇〇六年第一次基測試題)

二、撥雲霧見朝日——

試題解答

【答案】(C)

【解析】

(A)淋漓，ㄌㄧㄣˊ ㄌㄧˊ，韻母不同。聲母同為「ㄌ」，為雙聲詞。

(B)躊躇，ㄔㄡˊ ㄔㄨˊ，韻母不同。聲母同為「ㄔ」，為雙聲詞。

(C)逍遙，ㄒㄧㄠ ㄧㄠˊ，韻母同為「ㄠ」，為疊韻詞。

(D)慷慨，ㄎㄤ ㄎㄞˇ，韻母不同。聲母同為「ㄎ」，為雙聲詞。

三、經驗必須記取——

準備門道

「基測」是「基本能力測驗」之簡稱，既然是測驗「基本能力」，所以試題難易度設定「中間偏易」。此回「雙聲疊韻」就是屬於「容易」的試題，只要能夠念出該字字音，就可穩拿分數，此乃基本得分題，務必把握。

當然，你得先弄清「雙聲疊韻」是什麼。只要背下「上聲下韻」口訣，就可輕易分出一個字的「聲」和「韻」了。以「貪」字為例，貪，音ㄊㄢ。ㄊ在上，為聲；ㄢ在下，為韻。

所謂「雙聲詞」，是指兩個字都發出同樣的「聲」，如上面試題「慷慨」；所謂「疊韻詞」，是指兩個字都收同樣的「韻」，如上面試題「逍遙」。簡單吧！此外，有些詞「聲韻」皆同，如「相向」、「信心」，稱之「雙聲疊韻詞」。

四、時間回到未來——

考題模擬

下列文句「　」中的詞語，何者是疊韻詞？

（A）電影《送行者》劇情感人，讓觀眾「淚水」潰堤。

(B)陸客到台灣旅遊消費，刺激了台灣的「經濟」。
(C)抗癌作家不敵病魔「摧殘」而辭世，令人不捨。
(D)政治人物傳出緋聞，選民質疑他的「道德」。

【答案】(A)

【解析】
(A)淚水：韻母為「ㄟ」，為疊韻詞。
(B)經濟：聲母同為「ㄐ」，為雙聲詞。
(C)摧殘：聲母同為「ㄘ」，為雙聲詞。
(D)道德：聲母同為「ㄉ」，為雙聲詞。

05. 修辭總論篇

一、歷史不可遺忘——

試題精選

「孤帆遠影碧山盡」句中以「帆」來代稱船，這樣的修辭法叫做「借代」。下列句子「　」中的語詞，何者也屬於這種修辭法？

（A）奈何「軒冕」貴，不與布衣言。

（B）舉杯邀「明月」，對影成三人。

（C）「古調」雖自愛，今人多不彈。

（D）路遙知「馬力」，日久見人心。

（二〇〇九年第二次基測試題）

二、撥雲霧見朝日——試題解答

【答案】（A）

【解析】

（A）軒冕：古代卿大夫的車服。後借代「達官貴人」。

（B）明月：皎潔的月亮。

（C）古調：古老曲調。

（D）馬力：馬兒耐力。

*「借代法」常以「部分」取代「全體」。如題幹「帆」借代「船」就是。再以「巾幗不讓鬚眉」為例，「巾幗」借代「女子」，「鬚眉」借代「男子」，也是部分取代全體。

三、經驗必須記取——準備門道

報章上不時有人對「修辭教學」提出質疑，其所舉之例大都深奧難懂，認為教授修辭會斷喪學生學習語文之興趣。實際上，基測「修辭試題」向來簡單，它在題幹上都有「定義說明」和「舉例」，如上文所附試題即是。

國中國文教材附有「語文常識」，其中有「修辭單元」，它有系統地介紹幾種常用修辭法，如「轉化」、「譬喻」、「排比」、「映襯」等。同學一定要將它弄懂，因為「修辭」幾乎出現在每年的基測試題。今年若考「譬喻修辭」，明年就改以「轉化修辭」，如此循環已有多年矣！

基測試題都是經過千錘百鍊，「修辭考題」自是如此，它的題幹和選項都是清楚可辨。蓋「深奧難懂」招來非議已是不勝枚舉，日後修辭試題當同以往「淺顯」。所以，同學不用在修辭上鑽牛角尖，只要把握教材中的「修辭單元」即可。

四、時間回到未來——

考題模擬

在文句中故意顛倒語序，可呈現回環往復的效果，例如：「喝酒不開車，開車不喝酒。」下列何者也使用了同樣的修辭技巧？

（A）「殺很大」廣告一出市場，市場一陣驚動。
（B）桂林山水甲天下，陽朔山水甲桂林。
（C）時勢造英雄，英雄造時勢。
（D）不在乎天長地久，只在乎曾經擁有。

【答案】（C）

【解析】

（A）以「市場」連接上下句，是為「頂真」修辭。
（B）陽朔—桂林—天下，重點逐層遞進，是為「層遞」修辭。
（C）「時勢」、「英雄」顛倒語序，和題幹「喝酒」、「開車」相同，都是「回文」修辭
（D）「不在乎」與「只在乎」；「天長地久」與「曾經擁有」。將相反的觀念或事實對列起來，兩相比較，是為「映襯」修辭。

06.映襯修辭篇

試題精選

一、歷史不可遺忘——

將兩種不同的、相反的觀念或事實對列比較，使語氣增強、意義突顯的修辭叫「映襯」。下列何者屬於「映襯」？

（A）平生不做虧心事，半夜敲門心不驚。

（B）江山代有才人出，各領風騷數百年。

（C）有緣千里來相會，無緣對面不相識。

（D）粉身碎骨全不怕，要留清白在人間。

（二〇〇四年第二次基測試題）

二、撥雲霧見朝日——

試題解答

【答案】（C）

【解析】

（A）因果句，前後兩句觀念相同。

（B）前後兩句觀念相同。

（C）「有緣」、「無緣」，屬於不同的觀念和事實，是為映襯修辭。

（D）前後兩句觀念相同。

三、經驗必須記取——

準備門道

試題中的題幹敘及映襯修辭的特色為「將兩種不同的、相反的觀念或事實對列比較，使語氣增強、意義突顯」。淺白一點來說，就是擺出不同的道理或事實，讓人比較。猶如菜市場內，素食攤位以「自然」為訴求，強調素食有益健康；肉商則標榜「均衡飲食、葷素兼備」，認為「素食是偏食」。兩攤擺出兩種截然不同的飲食養生道理，供客人抉擇。

「不同」、「相反」的觀念是映襯修辭最大的特色，所以文句會出現「不同」、「相反」的詞組，如答案（C）的「有緣」和「無緣」、「來相會」和「不相逢」就是，其他三個選項則找不到這些相反字眼。

判斷映襯修辭最好的方法就是找出這些「相反」關鍵字。此類試題在尋常考試即大量出現，同學宜把握練習機會。

此外，如要細分映襯修辭種類，又有「反襯」、「對襯」、「雙襯」三種，三種各有定義，甚為繁瑣，有興趣者可自行探索，一般國中生只須了解上述題幹所提之映襯法定義即可。

四、時間回到未來──

考題模擬

下列文句何者未使用映襯修辭？

（A）讀書破萬卷，下筆如有神。
（B）口號上的巨人，行動上的侏儒。
（C）寧可光明的失敗，勿為黑暗的成功。
（D）貧居鬧市無人識，富在深山有遠親。

【答案】（A）

【解析】

（A）前後兩句觀念相同。
（B）「口號」和「行動」、「巨人」和「侏儒」，觀念不同，是為映襯修辭。
（C）「光明」和「黑暗」、「失敗」和「成功」，觀念不同，是為映襯修辭。
（D）「貧」和「富」、「有」和「無」，觀念不同，是為映襯修辭。

07. 轉化修辭篇

一、歷史不可遺忘——試題精選

描述一件事物，轉變它原來的性質，化為另一個截然不同的事物加以形容敘述，叫「轉化」。例如：「鮮黃的向日葵燦爛地笑著」，句中以「笑著」一詞將向日葵轉化為人。下列何者也使用了相同的修辭技巧？

（A）濃濃的龍井一杯，卻難解昨夜的酒意。

（B）窗外的陽光與陰影在枝葉間互相追逐遊戲。

（C）灰色的屋瓦，長滿了青青綠綠的苔蘚，潮溼而濃密。

（D）二十世紀過去了，茹毛飲血的腥味淡了，粗獷的歌聲遠了。

（二〇〇五年第二次基測試題）

二、撥雲霧見朝日——試題解答

【答案】（B）

【解析】

（A）沒有明顯的修辭

（C）視覺摹寫

（D）些許排比味道

三、經驗必須記取——準備門道

「讓妳的秀髮狂野起來」、「妳是我的巧克力」、「愛心被丟入垃圾桶」，這些充滿創意的媒體廣告，將文字的精妙發揮淋漓，讓人驚嘆不已。這些句子之所以能吸睛，都要拜「轉化修辭」之賜，而轉化修辭的定義在上面試題題幹已有說明。

細分之下，轉化修辭有三種，最常見者為「擬人法」，如「讓妳的秀髮狂野起來」，將秀髮（物）比擬成狂野的人；次為「擬物法」，如「妳是我的巧克力」，將人比擬成可以食用的巧克力（物）；最少見者為「形象法」，如「愛心被丟入垃圾桶」，抽象的「愛心」變成具體形象的「垃圾」。底下將「轉化三法」表格化，當有助於釐清觀念：

	定義	舉例	說明
擬人法	擬物為人	在電梯裡，只有我的手機不會睡著。——電信廣告	手機（物）和我（人）都有睡覺問題。
擬物法	擬人為物	去角質，就是做好臉的水土保持。——洗面乳廣告	臉（人）和山坡地（物）都有水土保持的問題。
形象法	化抽象為具體	把愛剪碎了隨風吹向大海。——張惠妹〈剪愛〉	抽象的「愛」，藉由剪的動作，變成具體形象的「紙」。

據此可知，試題「鮮黃的向日葵燦爛地笑著」是屬於轉化修辭中的「擬人法」。大部分的擬人修辭都可藉由「動詞」判斷，若是「動植物」當主詞，藉助「人類」專有的動詞如「笑著」、「睡著」成為句子，那就是擬人修辭了。「鮮黃的向日葵燦爛地笑著」和「只有我的手機不會睡著」都是這種情形。

四、時間回到未來——考題模擬

下列廣告詞或標語，何者使用轉化修辭技巧？

（A）貧者因書而富，富者因書而貴——閱讀標語。

（B）趁早下「斑」，請勿「痘」留——美容院廣告。

（C）司機一滴酒，親人十行淚——交通標語。

（D）勁量電池渾身是勁——電池廣告。

【答案】（D）

【解析】

（A）層遞修辭，「貧—富—貴」層層遞進。

（B）諧音雙關修辭，「下斑」音同「下班」，「痘留」音同「逗留」。

（C）對偶修辭，身分、數字、詞性皆相對。

（D）轉化修辭中的擬人法，電池（物）和人一樣「渾身是勁」。

08. 代詞運用篇

一、歷史不可遺忘——

試題精選

下列文句中畫線部分的代詞，何者使用最為恰當？

（A）媽媽常告訴我們，我不怕辛苦，只要我們快樂幸福。
（B）他指著街底的麵店，嚷著說去到這裡，一定要吃拉麵。
（C）他把書包翻了半天，懊喪地說：「我的國文課本忘了帶。」
（D）老爸肚子餓，我跟他說：「我們不上館子，回家煮麵給他吃。」

（二〇〇四年第二次基測試題）

二、撥雲霧見朝日——

試題解答

【答案】（C）

【解析】

（A）我不怕辛苦：應修正成「她不怕辛苦」。

（B）去到這裡：應修正成「去到那裡」。

（D）回家煮麵給他吃：應修正成「回家煮麵給您吃」。

三、經驗必須記取——

準備門道

A、強烈寒流來襲，他告訴我：「我已經作好萬全準備了。」

B、強烈寒流來襲，他告訴我，他已經做好萬全準備了。

AB兩句「做好萬全準備」的主詞，「一我一他」有所不同，但兩者都正確，其關鍵在標點符號：「 」（冒號加引號）。如果有：「　」，則「　」內的主語代詞可變換，如A句的「我已經做好萬全準備了」，其中的「我」就是「他」的變換；反之，如果沒有出現：「　」，那主語就要前後一致，不可替換，B句兩個「他」即是。

以此標準檢驗基測試題的A選項，當修正成底下：

媽媽常告訴我們：「我不怕辛苦，只要你們快樂幸福。」（主語代詞可變換）

或

媽媽常告訴我們，她不怕辛苦，只要我們快樂幸福。（媽媽、她，主語前後一致）

至於BD選項不是考主語代詞，而是考「受詞代詞」。B選項可修正成

他指著街底的麵店，嚷著說去到那裡，一定要吃拉麵。

或

他指著街底的麵店，嚷著說：「去到那裡，一定要吃拉麵。」

無論有無：「　」，因為還未抵達麵店，只能用「那裡」。

(D)選項則可修正成

老爸肚子餓，我跟他說：「我們不上館子，回家煮麵給您吃。」

和爸爸對談，要用您稱呼爸爸，和朋友聊天提到爸爸時，才會用「他」替代。

人稱代詞雖然只有我（第一人稱），你（第二人稱），他（第三人稱）三種，但使用不慎則會讓讀者陷入五里霧中。此類試題乍看繁瑣混亂，其實就如剝筍，唯有耐心才能一嘗筍中分數美味。同學平日撰寫或閱讀文章時多留意人稱用法，當是最好的準備門道。

四、時間回到未來——

考題模擬

下列文句中畫線部分的代詞，何者使用最為恰當？

（A）阿姨常常向姨丈要求，我要到日本旅遊。

（B）小美老師對著小胖說：「下課來找她。」

（C）小康的家境令人同情，我很想幫助你。

（D）媽媽對鄰居說：「我家小寶今年要考基測。」

【答案】（D）

【解析】

（A）改成「她要到日本旅遊」。主語前後當一致。

（B）改成「下課來找我」。

（C）改成「我很想幫助他」。

09. 季節篇

一、歷史不可遺忘——

試題精選

下列詩句，何者是在描寫秋景？

(A)淨掃黃金階，飛霜皎如雪。
(B)鏡湖三百里，菡萏發荷花。
(C)山樹落梅花，飛落野人家。
(D)薰風自南來，殿閣生微涼。

（二〇〇九年第一次基測試題）

二、撥雲霧見朝日——

試題解答

【答案】（A）

【解析】

（A）秋景：由菊花（黃金）、飛霜可知。

（B）夏天：由荷花可知。

（C）冬景：由梅花可知。

（D）夏景：由南風（薰風）可知。

三、經驗必須記取——

準備門道

四季變化，春夏秋冬氣候不同，景物跟著有別。四季各有時令代表花，如「春蘭」、「夏荷」、「秋菊」、「冬梅」等，不僅代表著四季，更常是古代婢女丫頭的名字。除此，四季特有的「風向」和「節日」，也是季節判斷的關鍵詞語，今大略整理如下：

季節	代表植物	風向	節日	其他
春季 農曆1～3月	蘭花、桃花、杏花	東風 楊柳風	春節、元宵、清明	
夏季 農曆4～6月	荷花	南風 薰風	端午	梅雨
秋季 農曆7～9月	菊花、桂花 蘆葦、楓葉	西風 金風	七夕、中秋、重陽	霜
冬季 農曆10～12月	梅花	北風 朔風		雪、臘

季節試題常取材自古詩詩句，如「試題精選」四個選項皆是。以A選項「淨掃黃金階，飛霜皎如雪」為例，配合上表，即可判斷出季節是「秋天」，因為：「黃金」→秋菊（菊花多黃色）「飛霜」→秋霜。

要留意的是，古時還未出現「陽曆」，所以四季都以「農曆」月份劃分。表格內的「植物風向」等，只適用於大陸中原（今河南、山東）地帶，用於寶島台灣則失靈。「中原」和「台灣」緯度不同，寒熱有異，四季景觀怎會相同呢？

四、時間回到未來——

考題模擬

下列哪個選項和「煙花三月下揚州」的季節相同？

（A）待到重陽日，還來就菊花。
（B）欲將輕騎逐，大雪滿弓刀。
（C）相見時難別亦難，東風無力百花殘。
（D）端午偏逢風雨狂，村童仍著舊衣裳。

【答案】（C）

【解析】

題目「煙花三月下揚州」，三月↓春天。

（A）秋景：由重陽、菊花可知。
（B）冬景：由大雪可知。
（C）春景：由東風可知。
（D）夏景：由端午可知。

10.成語運用篇

一、歷史不可遺忘——

試題精選

下列文句「　」中的成語，何者使用最恰當？

（A）這個小偷專以「鑿壁偷光」的技術竊取財物，令人深惡痛絕。

（B）老奶奶原本愁眉不展，經過孫女「妙語解頤」，這才心情轉佳。

（C）喜歡小孩的她在幼稚園服務，以溫柔的「孺慕之情」照顧幼兒。

（D）耶誕夜裡，年輕人聚賭吸毒，警察一到，便嚇得「不脛而走」。

（二〇〇九年第二次基測試題）

二、撥雲霧見朝日——試題解答

【答案】（B）

【解析】

（A）鑿壁偷光：指漢代匡衡鑿穿牆壁，藉由鄰家燭光照讀的故事。後比喻刻苦勤學。此處可改用「混水摸魚」、「順手牽羊」等。

（B）妙語解頤：形容說話風趣，使人發笑。頤，面頰。解頤，開顏而笑。

（C）孺慕之情：本指小兒之愛慕父母，後多指對人或事深切依戀愛慕之情。此處可改用「春暉之情」。

（D）不脛而走：脛，小腿。「不脛而走」指不用腿也能去，比喻事物不用推廣，也能迅速傳播。此處可改用「作鳥獸散」、「落荒而逃」、「抱頭鼠竄」等。

三、經驗必須記取——準備門道

「九年一貫課程」強調培養學生「帶得走」的能力，所謂「帶得走」就是能運用在日常生活，也就是「學以致用」。所以，本單元試題之設計，就是要測驗出學生在日常生活中運用成語的能力，而非只是知道成語意思。

中國幾千年文化留下無數成語，有些艱澀難懂，有些暗藏典故，有的因約俗成，有的莫名而出。多如牛毛的成語，經過大自然「優勝劣敗」法則，唯「實用成語」勝出。其分布在「課本成語」（課內）和「報章成語」（課外）兩處。兩處都是以「句子」帶出成語，符合「學以致用」的教學指標。「把握課內成語」，觸及「報章成語」，當是本單元準備方向。

基測「成語運用」試題俯拾即是，要留意的是，有些成語有特殊用法，不能光憑字面解釋而一體通用，請看底下「考題模擬」。

四、時間回到未來——考題模擬

下列文句「　」中的成語，何者使用最恰當？

（A）總統以身作則捐血，底下官員莫不「起而效尤」。

（B）發明家愛迪生對人類的貢獻真是「罄竹難書」。
（C）捷運即將通車，大家感謝「始作俑者」的市長。
（D）新流感肆虐，社會彌漫著「草木皆兵」的氛圍。

【答案】（D）

【解析】
（A）起而效尤：仿效學習。效尤，故意仿效他人的過錯。此為負面成語，只能用於「負面」事例。
（B）罄竹難書：即使把所有竹子做成竹簡，也難以寫盡。後比喻罪狀之多，難以寫盡。亦為負面成語，只能用於「負面」事例。
（C）始作俑者：最初製作人俑來殉葬的人。後世用以比喻首創惡例的人。亦為負面成語，只能用於「負面」事例。
（D）草木皆兵：見到風吹草動，都以為是敵兵。比喻緊張、恐懼，疑神疑鬼。

11. 六書篇

一、歷史不可遺忘——

試題精選

黃老師為兒子取名為「嵩」，取其高峻的意思。依中國造字原則，「嵩」屬於下列哪一類？

（A）象形
（B）指事
（C）會意
（D）形聲

（二〇〇九年第二次基測試題）

二、撥雲霧見朝日——

試題解答

【答案】（C）

【解析】

「象形、指事、會意、形聲」之判斷，詳見以下「準備門道」。

三、經驗必須記取——

準備門道

「象形、指事、會意、形聲、轉注、假借」稱為「六書」，前四種是文字構造的基本法則，編入國中「語文常識」單元，容易判辨，適合基測考試；後兩種是補充法則，深奧難懂，出題機率和中樂透頭獎一樣渺茫。一般而言，同學只要會分辨前四種就足夠了。

底下表格整理出前四種異同處供參考：

	字形組合	舉例	說明	備註
象形	無法拆開	鳥、象	兩字都無法拆開	象形字具體，多名詞
指事	無法拆開	上、下	兩字都無法拆開	指事字抽象，多形容詞、副詞、動詞
會意	可以拆開	信、男	「信」可拆成「人」和「言」；「男」可拆成「田」和「力」	會意字與「聲音」無關
形聲	可以拆開	忠、銘	「忠」可拆成「中」和「心」；「銘」可拆成「金」和「名」	形聲字與「聲音」有關

根據此表，可歸納出辨識步驟有二：

先拆解字體：

以「馬」字為例，無法拆開，若非「象形」就是「指事」；再以「明」字為例，可以拆成「日」和「月」，若非「會意」就是「形聲」。

再根據表格「備註」區分，就可辨識出正確答案了。試題精選的「嵩」字，它可拆成「山」和「高」，兩者和聲音無關，所以是會意字，「高聳」的意思。

國中「語文常識」單元有更詳盡的說明和辨識練習，同學務必掌握。基測所考都是容易分辨的字，至於像「勞」、「具」等連國文老師都舉手投降的「難字」，自然不可能入題。

四、時間回到未來——

考題模擬

「包粽子和划龍舟是端午節的傳統習俗。」根據造字法則，「划龍舟」三字依序應為下列哪個選項？

（A）會意、象形、指事

（B）指示、會意、象形

（C）會意、象形、形聲

（D）形聲、象形、象形

【答案】（D）

【解析】

划→可拆（會意或形聲）→形聲（伐、筏、划，和聲音有關）

龍→不可拆（象形或指事）→象形（具體，名詞）

舟→不可拆（象形或指事）→象形（具體，名詞）

12. 語氣篇

一、歷史不可遺忘——

試題精選

下列文句，何者帶有期望語氣？

（A）功成身退，君子行也
（B）事端紛紜，唯君察之
（C）區區小事，豈足道哉
（D）此珍物也，安能棄之

（二〇〇九年第一次基測試題）

二、撥雲霧見朝日——

試題解答

【答案】（B）

【解析】

（A）「功成身退是君子的美德。」→讚美語氣。

（B）「事情千頭萬緒，希望你能明察。」→期望語氣。

（C）「這不過小事一樁，哪值得一再提起？」→謙虛語氣。

（D）「這是國寶，怎可丟棄？」→責備語氣。

三、經驗必須記取——

準備門道

有人說話高深莫測，字面上怎麼看都是要助你一臂之力，但是你感受到的卻是「拒絕」，為什麼會這樣子呢？語氣也。施老師輕聲的對著學生說：「我會照顧你。」吳老師大聲的對著學生說：「我會照—顧—你。」施老師真的要照顧學生，吳老師卻是要「修理」學生。

那麼，沒有人物出現的白紙黑字，要如何判斷它的語氣呢？首先可將自己想像成說話者，再用嘴巴默念文字，如選項「這是國寶，怎可丟棄？」講此話的人一定是在「責備」對方有眼不識泰山；講「區區小事，豈足道哉」的人，認為自己所為不值得一提，此乃功成不居的「謙虛」行為。

有時，文句還會出現關鍵字眼（特有語氣的特有用詞）以供判別，如選項「唯君察之」，「唯」就是「希望」之意。

四、時間回到未來——

考題模擬

下列文句，何者帶有責備語氣？

（A）轉個心情，就可體會「塞車是一種幸福」。

（B）唉！只要連續假日，雪山隧道就會塞車。
（C）紅牛飲料含有古柯鹼，製造商真是缺德。
（D）捷運內湖線即將通車，交通將更加便捷。

【答案】（C）

【解析】
（A）轉個心情，就可體會「塞車是一種幸福」→叮嚀語氣。
（B）唉！只要連續假日，雪山隧道就會塞車→感嘆語氣。
（D）捷運內湖線即將通車，交通將更加便捷→肯定語氣。

13. 量詞篇

一、歷史不可遺忘——

試題精選

下列文句「　」中的量詞，何者使用最恰當？

(A)廠商決定把這一「匹」含鉛飲料全部回收銷毀，以示負責。
(B)這一場警匪對峙的槍戰中，警方連射了上百「口」的子彈。
(C)這一「派」的畫風，在當代引發一股潮流，蔚為藝壇顯學。
(D)我喜歡搭乘最後一「列」車廂，因為可以從後窗欣賞風景。

(二〇〇九年第一次基測試題)

二、撥雲霧見朝日——

試題解答

【答案】（C）

【解析】

（A）一匹白馬；一批飲料

（B）一家八口、一口枯井；百發子彈

（D）一列火車；一節車廂

三、經驗必須記取——

準備門道

老外學習中文最頭痛的莫過於量詞了。英文的量詞只有「a」和「an」兩個，卻能包辦一切，如「a dog」、「a flag」、「a door」等，但是翻譯成中文則要說「一隻狗」、「一面國旗」、「一扇門」。中文常用量詞多達兩百多個，且無一定準則，更多是

考題模擬

四、時間回到未來——

約定俗成，如「一輛轎車」可，「一台轎車」也可，「一部轎車」也通。難怪老外會被中文量詞逼到新流感發作。

如何準備這些變化萬千的量詞呢？看看上面試題，它入選的都是用法明確的量詞。如「飲料」用「一車」「一打」「一批」都可，就是不能用「一匹」；「百發子彈」、「百顆子彈」都可，就是不能用「百口子彈」。這些入選量詞有的來自教材範文，有的來自報章雜誌，它們在學校小考就會出現，同學一定要認真作答，再認真聽國文老師講解。

此外，也可根據量詞字面意義判斷答案，如「口」是「嘴巴」之意，乃人體器官之一，所以它大多用來當作計算人數的單位；「派」是「派別」之意，「這一派畫風正是潮流」當然就是答案了。

下列文句「　」中的量詞，何者使用最恰當？

（A）法國一「艘」客機失蹤，機上乘客生還機會渺茫。

（B）施老師寫得一「首」好字，同事們對他讚賞有加。

（C）深受學生喜愛的校犬小花，本來是「枝」流浪狗。

（D）這一「屆」畢業典禮特別感傷，同學依依不捨。

【答案】（D）

【解析】

（A）一艘船；一架客機

（B）一首好歌；一手好字

（C）一枝香、一枝花；一隻流浪狗

14.題辭篇

一、歷史不可遺忘——

試題精選

李大同為祝賀朋友的餐廳開張，致贈紅包一封。下列詞語，何者最適合做為紅包上的祝福語？

（A）高軒蒞止，戶限為穿

（B）飲水思源，食甘知苦

（C）妙手回天，杏林之光

（D）博施濟眾，溫飽百家

（二〇〇九年第一次基測試題）

二、撥雲霧見朝日——

試題解答

【答案】（A）

【解析】

（A）用於祝福他人開業生意興隆。
高軒蒞止：貴客蒞臨；戶限為穿：踏穿門檻。形容來訪人數眾多。

（B）無適用行業。
比喻不忘本。

（C）醫院開業專用。
精湛醫術可讓病人起死回生，醫學界之光榮。

（D）慈善機構專用。
廣施德惠，救助眾人，溫飽貧困之家。

三、經驗必須記取——準備門道

在親朋好友「婚喪喜慶」等人生重要時刻，我們常會使用簡短語言表示心意，這些簡潔有力的文字叫做「題辭」。它有時是祝福語，有時是哀悼語，大多書寫在「紅白包」或「匾額」等器物上，主要有兩個特色：

一、要有深層含意

二、字數又不宜多

能符合上述兩點者，非「成語」莫屬了。所以，「題辭」試題可歸類為「成語運用」的一種。它的準備方法和「成語運用篇」相同，都是「把握課內成語」，並涉獵「報章課外成語」。

基測試題最愛有固定用法的題辭，如上面選項的「杏林之光」，典出三國神醫董奉種杏樹成林之事，因而這個成語只能用在「醫學界」；又如「杏壇」原指孔子喜愛坐在杏壇上休息，所以「杏壇」只能用於教育界。

坊間許多參考書未加過濾，即囫圇吞棗地臚列所有題辭，如

「賀新婚」就有「天作之合」、「永浴愛河」、「三星在戶」等近百種。前兩者還適合國中生程度，後者則高深莫測又罕用，可棄之不學。其取捨拿捏標準可請國文老師幫忙。

四、時間回到未來——

考題模擬

下列題辭的運用，何者最恰當？

(A)弄瓦之喜→賀生男
(B)春風化雨→賀傘業開張
(C)駕鶴西歸→賀寵物店開張
(D)美輪美奐→賀新居落成

【答案】（D）

【解析】

（A）弄璋之喜→賀生男；弄瓦之喜→賀生女。

（B）春風化雨→適合草木生長的和風及雨水。比喻師長和藹親切的教育。用於教育界。

（C）駕鶴西歸→比喻人死。多用於輓辭。

15.地支篇

一、歷史不可遺忘——

試題精選

「未滿十八歲的小明，子時還流連街頭，被警察逮個正著。」句中的「子時」與下列哪個時段相同？

(A)一更天

(B)二更天

(C)三更天

（D）四更天

古時一夜分為五更天，每更天為兩小時，自晚上七點起算。晚上七點則是十二地支計時法的戌時。

（二〇〇九年第二次基測試題）

二、撥雲霧見朝日——

試題解答

【答案】（C）

【解析】

一更天	1900～2100
二更天	2100～2300
三更天	2300～0100
四更天	0100～0300
五更天	0300～0500

至於子時（12地支），留待準備門道講解。

三、經驗必須記取——準備門道

古代沒有時鐘手錶可計時，只能藉著「地支」來切割一天，所幸「一天二十四小時」的概念中外皆同。地支是指「子、丑、寅、卯……」共12個，1地支等於2小時，12地支正好24小時，其對應如下：

地支	時辰
子	2300～0100
丑	0100～0300
寅	0300～0500
卯	0500～0700
辰	0700～0900
巳	0900～1100
午	1100～1300
未	1300～1500
申	1500～1700
酉	1700～1900
戌	1900～2100
亥	2100～2300

12地支的順序一定要背熟，之後，只要記住「子時」是「2300—0100」，就可以「每個地支2小時」類推，非常簡單。所以，選項中的「三更天」和「子時」都是指「2300—0100」，答案就水落石出了。古時為「日出而作，日入而息」的農業社會，古人的「半夜三更」當是萬籟無聲的深夜。然而，在工商社會的今日，

2300—0100卻是多數人正要活動的時刻。

地支試題每隔幾年就會出現，不可輕忽。有準備就可得分，疏忽的話就會扼腕，同學宜將它列入「必考假想敵」。

四、時間回到未來——考題模擬

小安參加基測，預定中午12點考完最後一堂後，和家長在試場門口見面。下列哪一個選項最有可能是他們約定的時間？

（A）卯時

（B）辰時

（C）巳時

（D）午時

【答案】（D）

【解析】

（A）卯時：0500—0700

（B）辰時：0700—0900

（C）巳時：0900—1100

（D）午時：1100—1300

16. 年齡篇

一、歷史不可遺忘

試題精選

下列與年齡相關的詞語，何者使用錯誤？

（A）正值「弱冠之年」的他，誓言努力開創未來前途。

（B）已屆「不惑之年」的她，仍像小孩似的天真無邪。

（C）「始齔之年」的他，總喜歡倚老賣老地教訓他人。

（D）「古稀之年」的她，一點都沒有老態龍鍾的樣子。

（二〇〇三年第一次基測試題）

二、撥雲霧見朝日——試題解答

【答案】（C）

【解析】

（A）弱冠之年：20歲。古代男子年滿二十歲加冠，稱為「弱冠」。

（B）不惑之年：40歲。孔子自稱四十不惑。

（C）始齔之年：7、8歲。此時是乳齒脫換為成人牙齒的時候。齔，音同「襯」

（D）古稀之年：70歲。杜甫：「酒債尋常行處有，人生七十古來稀。」

三、經驗必須記取——準備門道

古人為展現學問，提及年齡時喜歡以「代稱」替用「數字」。這些年齡代稱都是引經據典而來，最有名的典故，當推一代聖人孔仲尼的自白：「吾十有（又）五而志於學，三十而立，四十而不惑，五十而知天命，六十而耳順，七十而從心所欲，不踰矩。」孔子這段關於年齡的名言，遂成為後人借代年齡的重要參考。

年齡代稱甚多，有些過於深奧不實用。底下表格就國中生程度整理，它們也常出現在媒體上。

代稱	年齡
周晬	1
始齔	7、8
荳蔻年華（女）	13、14
志學、及笄（女）	15
二八年華（女）	16
弱冠、雙十	20

代稱	年齡
而立	30
不惑、強仕	40
知命、半百	50
耳順、花甲	60
從心、古稀	70
耄耋	80、90
期頤	100

上列表格從1歲到100歲，涵蓋人的一生。這些替代年齡的稱呼，想必同學在日常試題即可看見，很面熟吧！年齡考題翻來覆去就是這些，一定要把握。

四、時間回到未來——

考題模擬

「活到老，學到老，即使已是（　）之年，子孫滿堂，他還是勤學不輟。」下列哪個選項最適合填入這段文句中的（　）？

（A）古稀
（B）周晬
（C）及笄
（D）二八

【答案】（A）

【解析】題幹有「活到老，學到老」、「子孫滿堂」等提示，所以主角一定是位老人家。
（A）古稀：70歲
（B）周晬：1歲
（C）及笄：女子15歲
（D）二八：女子16歲

17. 文章結構篇

一、歷史不可遺忘——

試題精選

周老師教到《大學》中的這段話：「古之欲明明德於天下者，先治其國；欲治其國者，先齊其家；欲齊其家者，先脩其身。」她請四位學生根據文意，以圖形來表示脩身和治國之間的關係，下列哪張圖形最恰當？

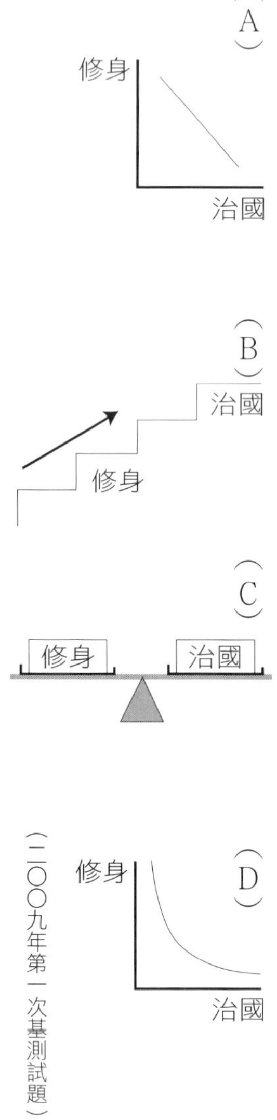

（二〇〇九年第一次基測試題）

二、撥雲霧見朝日——

試題解答

【答案】（B）

【解析】

（A）脩身→治國，直接下滑關係
（B）脩身→治國，層層遞進關係
（C）脩身和治國，平行相等關係
（D）修身→治國，緩緩下滑關係

三、經驗必須記取——

準備門道

「文章結構判斷」是近年來新興的「偏難」題型，正因為「偏難」，所以能鑑別出學生程度，篩選出有實力的學生。

作答此類試題，必須先閱讀一段文章。因為要判斷的是文章結構，所以不用花費精力在「字詞意義」上，只須大略知道「句義」即可。粗略知曉段意後，再由題目回頭尋找答案，也就是根據題目要求來審視文章。如上面試題「天下——治國——齊家——脩身」，瀏覽後約略可知其義，此時跳到選項，得知此題要考的是「關係圖形」。結合學校所學修辭法，可判斷出此題是「層遞法」，由「修身」層層遞進到「天下」，答案當屬「爬坡階梯」的B。

作答此類試題除了要有一定水準的閱讀能力外，分析力更是不可少。平日學校國文老師授課時，常常分析範文的組織架構，「專心聽課」當是獲取此類高難度試題分數的不二法門。

考題模擬

四、時間回到未來——

「人生就像一齣戲：有時是結婚生子的喜劇，有時是生離死別的悲劇，有時上映著一成不變的肥皂劇，有時上映著變化萬千的驚喜劇。悲歡離合讓人生大戲精采萬分。」下列哪個

選項可說明這段文字的寫法？

（A）分述→合論→分述

（B）合論→分述→分述

（C）分述→分述→合論

（D）合論→分述→分述→合論

【答案】（D）

【解析】

首句「人生就像一齣戲」是合論，點出主旨。底下「喜劇、悲劇、肥皂劇、驚喜劇」分別敘述（分述）一齣戲的變化。末句「悲歡離合讓人生大戲精采萬分」又是合論，呼應首句，所以答案是（D）。

18. 名著篇

一、歷史不可遺忘——

試題精選

國文老師查考資料，抽出以下四本書：《史記》、《世說新語》、《儒林外史》、《稼軒長短句》，若要依照成書年代先後重新放回書架，下列排序何者正確？

（A）《史記》→《儒林外史》→《世說新語》→《稼軒長短句》
（B）《史記》→《世說新語》→《稼軒長短句》→《儒林外史》
（C）《世說新語》→《史記》→《儒林外史》→《稼軒長短句》
（D）《世說新語》→《稼軒長短句》→《史記》→《儒林外史》

（二○○九年第一次基測試題）

二、撥雲霧見朝日——

試題解答

【答案】（B）

【解析】

《史記》：漢代．司馬遷著，國中取材範文〈張釋之執法〉。

《世說新語》：南朝宋．劉義慶編，國中取材範文〈王藍田嘗食雞子〉。

《儒林外史》：清代．吳敬梓著，國中取材範文〈王冕的少年時代〉。

《稼軒長短句》：宋代．辛棄疾著，國中取材範文〈西江月〉：明月別枝驚鵲……。

三、經驗必須記取——

準備門道

「讀書要活」，此乃教育改革的重大目標之一。在此思路下，「死讀書」遂成過街老鼠，學者專家爭相撻伐。「死背」是「死讀書」的特色之一，在這講求「活用」的年代，「背書」常被認為是

「書呆子」的行為而受到譏笑。

沒有人會反對「運用要活」，但是若沒有「死背」的知識，又如何活用呢？所以，「運用要活」必須以「功夫要死」為底。上述「名著年代」就是背誦的「死功夫」。藉由背誦可「觸類旁通，舉一反三」，知道司馬遷是漢代人，他就不可能有唐代「律詩絕句」的作品。

上題所考四本書都是名著，且出現在國中教材，同學只要把握住這些「國中」國學基本知識就足夠了。坊間許多參考書參用「高中」、「大學」等深澀國學，國中學生宜請國文老師過濾，不用生吞活剝。

《三國演義》、《老殘遊記》、《說文解字》等名著又是哪個朝代的作品呢？作者又是誰呢？建議同學取來六冊國文課本，好好整理出名著的成書年代、作者和內容特色。

此外，文史不分家，底下中國主要朝代順序一定要背熟，才能順利答出「名著年代」試題。

夏→商→周→秦→漢→三國→魏晉→隋→唐→五代→宋→元→明→清→民國

四、時間回到未來——

考題模擬

某博物館即將舉辦北宋文人蘇軾書房的展覽，下列哪一本書可能出現在蘇軾的書房？

（A）《說文解字》
（B）《三國演義》
（C）《老殘遊記》
（D）《聊齋誌異》

【答案】（A）

【解析】

（A）《說文解字》：漢代．許慎著，國中取材〈語文常識〉。
（B）《三國演義》：明代．羅貫中著，國中取材範文〈空城計〉。
（C）《老殘遊記》：清代．劉鶚著，國中取材範文〈大明湖〉。
（D）《聊齋誌異》：清代．蒲松齡著，國中取材範文〈大鼠〉。

北宋蘇軾只能看到漢代的《說文解字》，不可能看到未來的《三國演義》等書。

19. 詞序篇

一、歷史不可遺忘——

試題精選

下列各組「 」中語詞的含意，何者前後相同？

（A）瞧瞧她這張「嫩臉」，真是吹彈可破／誰叫你「臉嫩」，換做是我，早就不客氣開罵了。

（B）沙漠中的商隊「行旅」，在夕陽下緩行如蟻／三天兩夜的畢業「旅行」，令我永生難忘。

（C）同業以高薪遊說她跳槽，令她「心動」不已／百貨公司的超低折扣讓人很難不「動心」。

（D）他出身「官宦」人家，飽讀詩書，博學多聞／東漢末年，朝政敗壞，「宦官」肆意弄權。

（二〇〇九年第一次基測試題）

二、撥雲霧見朝日——試題解答

【答案】（C）

【解析】

（A）嫩臉：嬌柔細嫩的臉／臉嫩：臉皮薄、怕羞

（B）行旅：旅客／旅行：旅遊

（C）心動、動心：在此都是「內心受感動而想有所作為」的意思

（D）官宦：做官的人／宦官：太監

三、經驗必須記取——

準備門道

有些詞語因為順序不同，便產生不同的意思，如「感動」和「動感」；有些則順序不同卻有相同意思，如「心安」和「安心」。這樣伸縮自如的詞彙並不多，基測出題機率不高，所以此類試題不值得花費大量精力準備。只要語文能力具一定水準，詞序試題皆可迎刃而解。

作答詞序試題，如果光從詞彙下手，容易迷亂搞混，建議同學從整個文句來判斷詞彙的意思。藉由前後提示，即使對此詞彙的意思有些模糊，也能判知大概。如上面試題（A），能「吹彈可破」的當然是「臉上皮膚」，「客氣而不敢開罵」自然是「怕羞」了。又如試題（D），古代有能力「飽讀詩書」的只有「做官的人」，至於東漢末年敗壞朝政的，不就是「太監」張讓、趙忠等十常侍嗎？

當然，若同學對此有興趣，平時閱讀報章可多留意類似詞彙。如那位女歌星的穿著向來「性感」，一出場就讓男粉絲尖叫；這位女歌星則非常「感性」，演唱時常常淚光閃閃。

至於「上海自來水來自海上」，那是最高級的詞序變化了，只供欣賞和讚嘆耳！

四、時間回到未來——

考題模擬

下列各組「　」中語詞的含意，何者前後相同？

（A）「不得了！」捷運又出狀況了／清晨大地震你還能照睡，「了不得！」

（B）看到期盼已久的日食異景，他感動得「淚流」滿面／高雄世運傳來佳績，國人高興得「流淚」不止。

（C）「黃昏」時刻，最易引發旅客思鄉情懷／在「昏黃」的燈下閱讀，眼睛容易受到傷害。

（D）他「虛心」聽取別人批評，事業終於有成／在警察嚴厲盤問下，「心虛」的小偷終於承認罪行。

【答案】（B）

【解析】

（A）不得了：表示事態嚴重，通常用於負面／了不得：了不起，通常用於正面

（B）淚流、流淚：都是流眼淚的意思

（C）黃昏：傍晚／昏黃：光線昏暗

（D）虛心：謙退容物，心不自滿／心虛：自知理虧而內心害怕不安

20.偏義複詞篇

試題精選

一、歷史不可遺忘——

「對於師長與父母的諄諄教誨，我一刻也不敢忘記。」句中「忘記」一詞在意義上只取「忘」的意思，這就叫做「偏義複詞」。下列文句「　」內的語詞，何者也屬此類？

（A）這篇社論「臧否」人物的部分，精準透闢，令人喝采。
（B）面對「黑白」不分亂找碴的人，有時真是有理說不清。
（C）一句真心關懷的話語，往往可以拉近「彼此」的距離。

（D）為了維護自由，將士們早已抱定「生死」無悔的決心。

（二〇〇九年第二次基測試題）

二、撥雲霧見朝日——試題解答

【答案】（D）

【解析】

（A）臧否，讚美或批評，不偏一義。

（B）黑白，是非對錯，不偏一義。

（C）彼此，人與人之間，不偏一義。

（D）「生死無悔」，意謂「死而不悔」，「生死」是偏義複詞，只取「死」的意思。

三、經驗必須記取——準備門道

國中偏義複詞的起源，當推〈五柳先生傳〉中的「曾不吝情去留」一句，翻譯成「從來不會捨不得離去」。其中的「去留」一詞有「離去」和「留下」二相反義，此處獨取「離去」一義。所謂「偏義複詞」，正是指一詞有兩個相反義，卻只取一義的詞語。

然而，偏義複詞常有不清處，如「辦事情要注意輕重緩急」，有人認為「輕重緩急」是偏義複詞，偏向「重急」；有人則認為它並重，不偏向一義。「去留」一詞亦同，如「部長一職去留問題，困擾他許久」，此處「去留」則並重，不偏一義。許多坊間參考書所列偏義複詞大多有此弊病，同學不用在此鑽牛角尖而浪費精力。

判斷偏義複詞最保險方法，當從整個句子的文意下手。如上面試題選項（D）「生死無悔的決心」，我們常說「死而無悔」，未曾有聞「生而無悔」，此處自然是偏向「死亡」一義了。

偏義複詞每隔幾年就會出現在基測試題，它清楚可辨，請同學放心。

四、時間回到未來——

考題模擬

下列各組「　」中語詞的含意，何者不是偏義複詞？

(A)推開「窗戶」，就可看見101大樓。

(B)敵營若有任何「動靜」，速速回報。

(C)人口不斷「增加」，資源日漸欠缺。

(D)深夜還不「睡覺」，將會危害健康。

【答案】(C)

【解析】

(A)窗戶：偏義複詞，只取「窗」的意思。

(B)動靜：偏義複詞，只取「動」的意思。

(C)增加：同義複詞，「增」就是「加」。

(D)睡覺：偏義複詞，只取「睡」的意思。

21. 詞性篇

試題精選

一、歷史不可遺忘——

「春風又綠江南岸」的「綠」字改變詞性為動詞之後，使得詩意更為生動活潑。下列詩句「 」中的字，何者也改變詞性，當動詞使用？

（A）「銀」燭朝天紫陌長，禁城春色曉蒼蒼。
（B）最是秋風管閒事，紅他楓葉「白」人頭。
（C）白髮悲花落，「青」雲羨鳥飛。
（D）連山晚照「紅」，遠岸秋沙白。

（二〇〇五年第二次基測試題）

二、撥雲霧見朝日——

試題解答

【答案】（B）

【解析】

（A）「銀」燭：「銀色的」蠟燭，形容詞。

（B）「白」人頭：讓人頭髮「變白」，動詞。

（C）「青」雲：「藍色的」雲，形容詞。

（D）晚照「紅」：「紅色的」夕陽，形容詞。

三、經驗必須記取——

準備門道

國中語文常識中有一「詞性」單元，裡頭除介紹各種詞性外，並有各種舉例。同學若對詞性感到困惑，可取出教材溫習，如仍不懂，再請教國文老師。

眾多詞性中，以「動詞」最為清楚可辨，所以最易出現的詞性試題就是動詞，如上列即是。

判別詞性的基本法則有兩種，兩種都類似英文詞性。

一、A（形容詞）的B（名詞）

也就是「的」之前為「形容詞」，「的」之後為「名詞」。如「美的世界」，「美」是形容詞，「世界」就是「名詞」了。上面試題選項「銀燭」、「青雲」，翻譯成白話時，「的」字就出現了，據此就可推論出詞性。

二、副詞修飾動詞或形容詞

如「猛吃」，「吃」是動詞，「猛」就是副詞，「急切」的意思。又如「酷熱的天氣」，「熱」是形容詞，「酷」就是副詞，「非常」的意思。基本上，每個句子都會有動詞，然「春風又綠江南岸」一句似乎不見動詞，其實，此時「綠」字已由形容詞（綠色）改變成動詞（變綠）了。變化詞性也是一種修辭法，稱為「轉品」。

最後再次強調，基測所考都是清楚可辨的詞性，若遇上模糊不清的詞性，可棄之不顧，不用耗費大量精力在此鑽牛角尖。

四、時間回到未來——

考題模擬

下列哪一個選項的詞性組合和「燈紅酒綠」相同？

（A）老馬識途
（B）昏天暗地
（C）飲水思源
（D）海闊天空

【答案】（D）

【解析】

題幹「燈紅酒綠」，紅色的燈，綠色的酒。名+形+名+形
（A）老馬識途：形＋名＋動＋名
（B）昏天暗地：形＋名＋形＋名
（C）飲水思源：動＋名＋動＋名
（D）海闊天空：名＋形＋名＋形

22. 同詞異義篇

一、歷史不可遺忘——

試題精選

下列選項「　」中的語詞，何者意義前後相同？

（A）他憂慮得一夜「輾轉」難眠／我從朋友那裡「輾轉」得到消息
（B）蘇東坡堪稱為千古「風流」人物／他「風流」成性到處拈花惹草
（C）成功後的他「躊躇」滿志地接受掌聲／這案子令法官「躊躇」難斷
（D）他做事「穩當」，你甭操心／別混了，找個「穩當」的工作安定下來吧

（二〇〇九年第一次基測試題）

二、撥雲霧見朝日——

試題解答

【答案】D

【解析】

輾轉：翻來覆去睡不著覺／間接、曲折

風流：流風餘韻／形容男子處處留情，貪好女色

躊躇：自得的樣子／猶豫不決

穩當：兩處都是「穩健踏實」的意思

三、經驗必須記取——

準備門道

相同詞語之所以有不同解釋，有時是詞語本身就有多種意思，如選項（C）躊躇，本來就有「自得」和「猶豫」兩種解釋；有時是古今語言變化，如選項（B）風流，古時用來誇獎他人有韻味，

現今則是拈花惹草的負面詞。

同詞異義試題每隔幾年就會出現一次，作答要領同樣要由整個文句的意思著手，如選項（A）的「輾轉」，「憂慮」之下當然「翻來覆去睡不著覺」，「從朋友處得到的消息」當然是「間接」。又如選項（C）的「躊躇」，「接受掌聲」的當然是「得意事」，「難斷」的事自然是「猶豫不決」了。

平時認真聽課，具有一定閱讀理解能力後，面對此類試題，即使對詞語有所不清，也能從前後文句判斷出大概。底下「考題模擬」就請同學練習由「文意理解」推論出詞語意義，選出答案。

四、時間回到未來——

考題模擬

下列選項「　」中的語詞，何者意義前後相同？

（A）汽車、機車都須「加油」才能行駛／考期將近，你好好的「加油」吧

（B）王媽媽煮出來的牛肉「好爛」，有口皆碑／這家餐廳服務「好爛」，難怪生意每況

甲、浦樹遠含滋　乙、建業暮鐘時　丙、相送情無限　丁、海門深不見

(A)甲、丙、丁、乙
(B)甲、乙、丙、丁
(C)乙、丁、甲、丙
(D)乙、甲、丁、丙

（二〇〇九年第二次基測試題）

二、撥雲霧見朝日——試題解答

【答案】(C)

【解析】

根據「白話翻譯」和律詩的「對仗、押韻、平仄」等格律，即可判知正確的排列順序。詳見底下「準備門道」單元。

三、經驗必須記取——準備門道

比起其他基測簡易題型，律詩的排列屬於高難度題目，它常讓同學心生畏懼，大部分學生因為看不懂意思，通常都是胡亂拼湊。其實，只要了解它的基本元素和構造，經過層層過濾，就可排出正確順序。

律詩共八句，每句五個字叫「五言律詩」，每句七個字叫「七言律詩」，試題「楚江微雨裡」屬於五言律詩。律詩有一定的格律，最大的特色是「對仗」、「押韻」和「平仄」。底下分別論之

（一）對仗：

律詩的中間兩聯要對仗，也就是第三句對上第四句，第五句對上第六句。所謂對仗，簡言之就是在「詞性」「顏色」「數字」等要彼此呼應。例如「三星白蘭地」對上「五月黃梅天」，數字、星辰、顏色、植物、天地，每個字都對得工工整整。

（二）平仄：

律詩上下兩句每個字的平仄要相對（相反），如「三星」是平聲（國語一、二聲），「五月」就是仄聲（國語三、四聲）。特別是對聯上下句最後一字的「上仄下平」口訣要背熟，也就是上聯的最後一個字是「仄聲」，下聯的最後一個字為「平聲」。同樣以

「三星白蘭地」和「五月黃梅天」為例，上聯的「地」字是仄聲，下聯的「天」字是平聲。

（三）押韻：

律詩的偶數句末要押韻，也就是二、四、六、八句一定要押同一個韻。首句則可押可不押。試題「時」、「遲」、「滋」、「絲」都押韻（請以閩南語發音），當出現在偶數句。

綜合上述格律，輔以白話翻譯，即可排列出律詩的正確順序了。其實，國文老師在課堂間教授「近體詩」時，都曾講述過這些格律，同學如果有所忘卻，務必拿出課本複習或再度請教老師。

四、時間回到未來——

考題模擬

以下是李白贈給孟浩然的一首五言律詩，大意是說：「我很喜歡孟夫子，他高潔的行事風格名聞天下。年少時，他就不屑官名厚祿；到了晚年，更隱居山中，與青松白雲為伴。興起時，往往醉臥月光下；喜愛林中花草，不願侍奉皇帝。他那如高山般的超凡品格，別人如何仰望呢？我只能在此推崇他的美德罷了。」根據詩意，下列畫線處依序應填入何者？

吾愛孟夫子，風流天下聞。＿＿，＿＿。醉月頻中聖，＿＿。＿＿，徒此挹清芬。

甲、迷花不事君

乙、紅顏棄軒冕

丙、高山安可仰

丁、白首臥松雲

(A)丁、甲、丙、乙

(B)乙、丁、甲、丙

(C)丁、乙、甲、丙

(D)乙、丁、丙、甲

【答案】(B)

【解析】

「聞」、「雲」、「君」、「芬」押「ㄣ」韻，當在偶數句末。再根據上述所言「平仄」、「對仗」等格律和白話翻譯，即可找出正確答案(B)。

24. 諧音篇

一、歷史不可遺忘——

試題精選

「沒沒無蚊的奉獻」這則電蚊香廣告用語，是借用「沒沒無聞」的諧音來引起消費者注意，下列何者也使用同樣的表達方式？

（A）近扇近美——電風扇
（B）別讓你的權利睡著了——消基會
（C）說來說去，說不出我的手掌心——手機
（D）今日吃選票，明日吃鈔票——政黨選舉文宣

（二〇〇五年第二次基測試題）

二、撥雲霧見朝日——

試題解答

【答案】（A）

【解析】

（A）「近扇近美」借用「盡善盡美」的諧音廣告

（B）轉化法

（C）轉化法

（D）映襯法

（B）（C）（D）屬於修辭廣告，無關聲音。

三、經驗必須記取——

準備門道

「諧音」是指字詞的音相同或相近，如「娘」、「涼」即是。諧音用字常會讓詞句衍生出讓人會心一笑的新義，特別是在講求創意的今日，它成了廣告界的寵兒。例如（A）選項的「近扇近美」，原為「盡善盡美」，經此一改，變成「越接近電扇越舒服」的意思，不僅創意十足，更是琅琅上口，實乃最佳電扇廣告用語。

走在街頭，神聖的「立法院」和「監察院」，變成「理髮院」和「煎茶院」的招牌；銀樓則提醒你購買「金生金飾」，才能和愛人「今生今世」永不分離。

嚴格來說，諧音字屬於錯別字，只不過它是「故意」犯錯。能創出新義的我們美稱為「諧音字」，否則就是單純的「錯別字」了，兩者之界定有時很模糊。不只廣告大量運用「台雞店」、「捷印站」諧音，它更是媒體時事標題的最愛，如狀況不斷的捷運「柵湖線」，早已被「詐胡線」取代。

要答對這些諧音試題，必須先能認識正確詞語。試問，如果連正確詞語都不知道，如何能判斷出諧音之處呢？所以，同學只要詞語基本功扎實，就能找出諧音字（錯別字），經過逐字翻譯就能覓出正確答案，而這些基本功則有賴平時國文課累積養成。

四、時間回到未來——

考題模擬

下列哪個選項的廣告用語，沒有使用諧音法？

（A）改鞋歸正——修鞋業
（B）鐘愛一生——鐘錶行
（C）知足常樂——腳底按摩業
（D）有戒有環——女性飾品業

【答案】（C）

【解析】
（A）「改鞋歸正」為正確版「改邪歸正」的諧音
（B）「鐘愛一生」為正確版「鍾愛一生」的諧音
（D）「有戒有環」為正確版「有借有還」的諧音

25.稱謂篇

一、歷史不可遺忘——

試題精選

下列文句「 」中的稱謂，何者使用最恰當？

（A）請問「尊駕」在哪裡高就？

（B）「在下」的才華令我好生佩服。

（C）「賢昆仲」真是鶼鰈情深，令人羨慕。

（D）「家弟」近來課業繁忙，以致無法和我出去。

（二〇〇九年第二次基測試題）

二、撥雲霧見朝日——

試題解答

【答案】（A）

【解析】

（A）尊駕：尊稱對方的敬語，相當於「您」。

（B）在下：稱呼自己的謙虛詞，此處可改為「尊駕」。

（C）賢昆仲：尊稱對方兄弟。句中「鶼鰈情深」是指夫妻感情篤厚，賢昆仲宜改為尊稱對方夫妻的「賢伉儷」。

（D）家弟：宜改為「舍弟」。

三、經驗必須記取——

準備門道

「先父在大陸工作，年底回來台灣時，老媽都會到機場等他。」如果此事當真，那將可拍成台灣版的《第六感生死戀》電影，因為它也有著陰陽兩隔的淒美愛情故事。錯誤的稱謂，輕者令人尷尬，重者引起誤解，更甚者會發生肢體衝突。「先父」乃對人稱呼自己過世之父親，此處宜改為「家父」或「家嚴」。

對人稱自家兄弟姐妹的口訣是「家姐舍弟」，也就是輩分比自己高的叫「家兄家姐」，輩分比自己低的叫「舍弟舍妹」。據此，（D）選項宜改為「舍弟」。此外，還有「稱謂三賢」，三賢者：賢昆仲，稱對方兄弟；賢伉儷，稱對方夫婦；賢喬梓，稱對方父子。三賢乃基測試題常客，千萬不可弄錯。

「令堂」、「令尊」，何者是稱呼對方爸爸呢？稱呼對方商店叫「貴寶號」，那稱呼自己的店叫什麼呢？國文教材語文常識有此單元，同學如果忘記，趕快取出課本複習。至於「先考」、「先妣」等古代稱呼，基於實用原則，基測已多年不考，同學宜在現代稱呼下功夫。

四、時間回到未來——

考題模擬

下列文句「　」中的稱謂，何者使用最恰當？

（A）恭喜「令犬」通過基測，考入理想學校。
（B）在「寒舍」叨擾多日，謝謝您的招待。
（C）拜讀您的「拙著」，讓我收穫甚多。
（D）「在下」身體欠佳，無法和你遠遊。

【答案】（D）

【解析】

（A）令犬：沒有「令犬」一詞。稱呼對方兒子叫「令郎」，稱自己兒子叫「小犬」。
（B）寒舍：此處宜改為尊稱對方住家的「府上」，稱自己住家才叫「寒舍」。
（C）拙著：此處宜改為尊稱對方文章的「大作」，稱自己文章才叫「拙著」。
（D）在下：「在下」、「敝人」、「不才」都是稱呼自己的謙虛詞。

26. 填詞篇

一、歷史不可遺忘——

試題精選

「沉默不是死寂，就像□□□□□□□，雖然波濤聲全不聞，但還看得見漁火明暗。」依據前後文意，下列何者最適合填入缺空中？

（A）水勢湍急的河流

（B）遠方隱約的海灣

（C）豔陽高照的漁港

（D）滾滾不絕的湧泉

（二〇〇九年第一次基測試題）

二、撥雲霧見朝日——

試題解答

【答案】（B）

【解析】

（A）句中有「波濤聲全不聞」，所以不可能是「水勢湍急的河流」。

（B）句中有「漁火明暗」，符合「遠方隱約的海灣」。

（C）句中有「漁火明暗」，所以不可能是「豔陽高照的漁港」。

（D）句中有「漁火明暗」，所以不可能是「滾滾不絕的湧泉」。

三、經驗必須記取——

準備門道

填詞類似偵探推理，它以「邏輯」為第一標準。凡是「不合邏輯」者，縱然是詞彙優美也要割愛。試題選項（A）「水勢湍急的河流」到（D）「滾滾不絕的湧泉」，都有著美麗的詞藻，而且都和「水」有關，然而，只有（B）的「海灣」才符合題幹的「波濤聲」和「漁火明暗」，（A）「河流」和（B）「湧泉」都要淘汰。（C）「漁港」雖然符合，但是時間上「豔陽高照」又和「漁火明滅」衝突。

填詞試題都會留下「線索」供同學「破案」。作答此類試題時，可想像自己是「柯南辦案」，只要細心地在前後文意推敲，「凶手」將在「放大鏡」下一一現出原形。

坊間部分參考書有些「填詞」訓練，因為線索不清或過少，難以判斷，如　夕陽西下，晚風陣陣，令人感到（　）。

A、舒服
B、暢快
C、怡然
D、惆悵

這種試題不夠嚴謹，似乎每個答案都可。基測每道題目都經過層層把關，它有一定的出題水準，答案絕對明確，不會有此難以判斷情形，同學請放心。

四、時間回到未來——

考題模擬

「新流感來勢洶洶，防疫視同作戰，它就像（　），雖然不見坦克砲彈，但是對生命的威脅一樣令人膽寒。」依據前後文意，下列何者最適合填入缺空中？

（A）無形的敵人
（B）抓狂的畫家
（C）生氣的老師
（D）頑皮的孩童

【答案】（A）

【解析】

題幹有「作戰」、「坦克砲彈」等詞語，可見和「戰爭」有關，所以答案是（A）無形的敵人。

27. 疊字篇

一、歷史不可遺忘——

試題精選

下列文句「」中的語詞，何者以疊字替換後，會導致句意不通？

(A)名師「指點」的作品，果然氣勢非凡——指指點點

(B)春天「輕悄」的腳步，捎來溫暖的氣息——輕輕悄悄

(C)牆壁上「斑駁」的落漆，見證時間的流逝——斑斑駁駁

(D)小巷中「冷清」的酒館，透出午後的寂寥——冷冷清清

（二〇〇七年第二次基測試題）

二、撥雲霧見朝日——

試題解答

【答案】（A）

【解析】

（A）指點：指示、引導。指指點點：在人背後批評、說閒話。

（B）「輕悄」和「輕輕悄悄」都是「輕微而無聲」的意思。

（C）「斑駁」和「斑斑駁駁」都是「色彩相雜不純」的意思。

（D）「冷清」和「冷冷清清」都是形容「景物蕭條、寂靜」。

三、經驗必須記取——

準備門道

這是非常特殊的考題，出題難度甚高，歷屆基測非常罕見此類型試題。然而，罕見歸罕見，既然它曾經考過，我們就要準備，以免飲恨。

何以出題難度甚高？大抵兩字疊成四字後，皆保留原義，能衍生新義的語詞，實在是鳳毛麟角。除試題所舉「輕俏」、「斑駁」、「冷清」保留原義外，常人所能想到的「高興」、「快樂」、「馬虎」、「輕鬆」……，疊成「高高興興」、「快快樂樂」、「馬馬虎虎」、「輕輕鬆鬆」後，也是原汁原味。「雷同普遍、新義稀有」或許是此類疊字的特徵。

作答此類題型，詞性是一個判斷標準。大體而言，當「形容詞」、「副詞」的詞彙，變成疊字後仍保留原義，如「輕俏」、「斑駁」、「冷清」都是形容詞，所以「輕輕悄悄」、「斑斑駁駁」、「冷冷清清」等就保留原義。當「動詞」的詞彙，變成疊字後就會衍生出新義，如「指點」是動詞，疊成「指指點點」後，意思就有天壤之別了。

詞性只是一個輔助判斷的標準，重要的還是多閱讀、多認識詞彙。這樣，你才能「指點」同學課業，而不會被老師「指指點點」了。

四、時間回到未來——

考題模擬

下列文句「」中的語詞，何者以疊字替換後，會導致句意不通？

（A）經過「辛苦」的奮戰後，金牌終於到手——辛辛苦苦
（B）老張「從容」的登上舞台，大展驚人歌藝——從從容容
（C）小偷「慌張」的看著四周，唯恐警察出現——慌慌張張
（D）病人喪失「吞吐」功能，生命危在旦夕——吞吞吐吐

【答案】（D）

【解析】

（D）吞吐：吞進和吐出。吞吞吐吐：形容說話不直截，要說不說的樣子。

＊「吞吐」是動詞，衍生新義；「辛苦」等在此當「副詞」，疊成同義。

28. 狀聲詞篇

一、歷史不可遺忘——

試題精選

下列文句「　」中的疊字，何者與聲音有關？

（A）這朝來水「溶溶」的大道

（B）昆蟲在小雞間來去「翩翩」

（C）長途車駛過「纍纍」的河床

（D）林叢的舞樂與「泠泠」的流歌

（二〇〇三年第二次基測試題）

二、撥雲霧見朝日——

試題解答

【答案】(D)

【解析】

(A)溶溶：水勢盛大的樣子。

(B)翩翩：輕飛的樣子。

(C)纍纍：繁多、重積的樣子。

(D)泠泠：音ㄌㄧㄥˊ，狀聲詞。形容清脆激越的聲音。

三、經驗必須記取——

準備門道

「狀」字有多種意思，「形容」是其中一種。如「不可名狀」是「無法用語言形容」，本單元的「狀聲詞」就是「形容聲音的語詞」。題幹提及「何者與聲音有關？」其實是「下列何者是狀聲詞？」

既然是形容「聲音」，所以「狀聲詞」的對象一定和「聲音」有關。如「蕭蕭風聲」、「淅瀝雨聲」、「叭叭車聲」、「嘟嘟車聲」、「轟隆巨響」、「蚊子嗡嗡作響」等，「蕭蕭」、「轟隆」都是用來形容句後的「風聲」、「巨響」。

至於「苦苦哀求」、「斤斤計較」、「緩緩出現」、「冉冉上升」，「哀求」、「計較」、「出現」、「上升」都是「動作」，不是「聲音」，「苦苦」等自然不是「狀聲詞」了。

所以，選項（A）形容的對象是「大道」，選項（B）是「昆蟲與小雞」，選項（C）是「河床」，這三者和「聲音」的關係，如同「狗」和「熱狗」的關係——毫無關係。

唯有選項（D）形容的對象是「流歌」，「流歌」二字已挑明是「流動的歌聲」，此提示如同「此地無銀三百兩」，宣布「泠泠」就是答案。

四、時間回到未來——

考題模擬

下列文句「　」中的疊字，何者與聲音有關？

（A）事業愛情都不得意，讓他「悶悶」不樂。
（B）廟宇傳來「咚咚」鐘聲，讓人心情沉穩。
（C）那位影星文質「彬彬」，擁有眾多粉絲。
（D）提到旅遊，他能「侃侃」而談一個小時。

【答案】（B）

【解析】

（A）悶悶：ㄇㄣˋ ㄇㄣˋ憂鬱的樣子。
（B）咚咚：形容敲鼓的聲音。咚咚的對象是「鐘聲」，和聲音有關，所以是答案。
（C）彬彬：各種不同事物配合適當的樣子。「文質彬彬」指文采和實質均備，配合適當。
（D）侃侃：從容不迫的樣子。

29.連接詞篇

一、歷史不可遺忘——

試題精選

下列「　」中所使用的語詞與文意搭配，何者完全正確？

(A)「與其」辛苦耕耘，「不如」含淚收穫，大家「就」別再抱怨了。

(B)「雖然」他很富有，「而且」喜歡大自然，「所以」買下了整座山。

(C)「不但」要博學多聞，「而且」要靈活運用，「才」不會變書呆子。

(D)「因為」出去走走，「所以」心煩意亂，「不過」現在已經好多了。

（二〇〇六年第二次基測試題）

二、撥雲霧見朝日——

試題解答

【答案】（C）

【解析】

（A）應改成：「唯有」辛苦耕耘，「才能」含淚收穫，這道理人人皆知。
（B）應改成：他「既」富有，「又」喜歡大自然，「所以」買下了整座山。
（D）應改成：心煩意亂之時，「只要」出去走走，「就」可緩和情緒。

三、經驗必須記取——

準備門道

連接兩個「辭彙」、「句子」或「段落」的橋梁叫「連接詞」，如「天才和白痴」一句，當中的「和」是「辭彙連接詞」。「小學還是烏鴉的她，竟然變成鳳凰了」，當中的「竟然」是「句子連接詞」。因本單元偏向「句子連接詞」，底下就依此討論。

「陸客來台，其實他們的遊興很高」、「他總是出入名牌專櫃，其實他很有錢」，當下媒體錯誤運用連接語多矣，而以「其實」二字最為嚴重。「其實」乃「實際上」之意，前面出現相反語彙，後面才能出現「其實」二字，如「別看他手段霹靂，其實有著菩薩心腸」，「手段霹靂」和「菩薩心腸」一狠一柔，才能以「其實」連貫。若「陸客來台」和「遊興很高」、「出入名牌專櫃」和「他很有錢」彼此並無相反關係，怎可亂用「其實」？底下整理一些坊間常用的「配對連接語」供參考：

前句連接詞	後句連接詞	舉例
因為	所以	因為減肥成功，所以她變得更有自信和活力。
雖然	還是	雖然減肥一再失敗，她還是不放棄任何方法。
不但	而且	瘦身不但能擁有好身材，而且身體會更健康。
與其	不如	與其聽信減肥祕方，不如勤加運動和控制飲食。
除非	否則	除非瘦身成功，否則她不會再參加國中同學會。

除此，仔細思考連接詞的意思，也能輔助作答，如「不但」有「不只」之意，「不但漂亮」同「不只漂亮」；「不如」有「不若」之意，「不如回家」同「不若回家」。

四、時間回到未來——

考題模擬

下列「　」中所使用的語詞，何者完全正確？

（A）「儘管」他努力申辯以求出獄，「終於」無法如願以償。
（B）「既然」胖藝人能減肥50公斤，「然後」你當然也可以。
（C）「除非」那位藝人多才多藝，「其實」收入更令人瞠目結舌。
（D）「不過」是個小小地震，你「何必」大驚小怪、如喪考妣呢？

【答案】（D）

【解析】

（A）宜改成：「儘管」他努力申辯以求出獄，最後「還是」無法如願以償。

（B）宜改成：「既然」胖藝人能減重50公斤，「那麼」你當然也可以。

（C）宜改成：那位藝人「不只」多才多藝，收入「更是」令人瞠目結舌。

30. 詩詞排列篇

試題精選

一、歷史不可遺忘——

下列通同字的替換，何者意思改變？

(A)夙夜「匪」懈——非
(B)無動於「中」——忠
(C)街道巷「衖」——弄
(D)貪求無「厭」——饜

（二〇〇四年第二次基測試題）

二、撥雲霧見朝日——

試題解答

【答案】（B）

【解析】

（A）匪、非，都是「不」的意思。

（B）中，同「衷」，內心；忠，忠心。

（C）衖、弄，都是「巷子」的意思。

（D）饜、饜，都是「滿足」的意思。

三、經驗必須記取——

準備門道

所謂「通同字」是指在音同或音近的基礎上，意義相同，可以互換使用的文字。文學浩瀚，書海茫茫，要鑑別出通同字實非容易之事，是以基測命題機率不高，即使出題，也大多取材自課本範文。

上面試題四個選項即是出自國中國文教材，它們彼此都有「聲音」關係。然而，此類試題的判斷標準不在「字音」，而是「字義」。

通同字大都是「一今一古」，如試題中文言文的「匪」、「衖」，今字則與「非」、「弄」相通。六冊國文的通同字不多，建議同學將它們作一整理，屆時上考場就可輕鬆作答此類試題。若時間、精力不允許，亦可參考坊間參考書所整理之通同字。底下所舉乃國中常見通同字，你會幾個呢？

國中課文（文言文）	通同字	意義
有朋自遠方來，不亦「說」乎	悅	高興
漫「卷」詩書喜欲狂	捲	收拾
「屬」之廷尉	囑	交付
「無」道人之短	毋	不要
「曾」益其所不能	增	增加
民安所「錯」其手足	措	安放

四、時間回到未來——

考題模擬

下列通同字的替換，何者意思改變？

（A）拳王抓緊機會，給「予」對手致命的一擊——余

（B）道聽「塗」說的消息，常經不起事實考驗——途

（C）醫生一再警告，抽「菸」對肺部傷害很大——煙

（D）他向來「閑」靜少言，行事更是高深莫測——閒

【答案】（A）

【解析】

（A）給「予」，給；余，我。此處的「予」通「與」。

（B）「塗」說，通「途」，都是「路途」之意。

（C）抽「菸」，通「煙」。

（D）「閑」靜，通「閒」，都是「空暇無事」之意。

31. 主語篇

試題精選

一、歷史不可遺忘——

下列各選項「　」中的部分，何者不是該句的主語？

（A）「問題」已浮現在檯面了
（B）「他們」簡直是無法無天
（C）「屋頂」上的雨水滴落下來
（D）「教育」是孔子心愛的職業

（二〇〇一年第二次基測試題）

二、撥雲霧見朝日——

試題解答

【答案】（C）

【解析】

「雨水」才是主語，「雨水」才會滴落下來。除非大地震，「屋頂」被震成「碎瓦」才有可能「滴落」下來。

三、經驗必須記取——

準備門道

一般狀況下，句子要有「主語」才能成立，主語有時會做出事情，如「高錕榮獲二〇〇九年諾貝爾物理學獎」一句，其中「高錕」是主語，「獲獎」是事情。主語有時會說話，如「周星馳說：『人窮志不窮』」一句，主語是說話者「周星馳」。日前「拾金不昧」的桃園馬小弟，正是受到這句話的感召。

主語判斷在基測中算是簡單的試題，它常在「主語」之前添加「修飾語」來模糊同學的視線。再以「高錕獲獎」為例，若改成「有中研院院士頭銜的高錕榮獲二〇〇九年諾貝爾物理學獎」，「有中研院院士頭銜的」是形容高錕身分的「修飾語」而已，主語還是高錕。

要言之，「修飾語」可有可無，它不妨害文句流暢，上面試題（C）「屋頂」上的雨水滴落下來，若是去掉修飾語「屋頂上的」，變成「雨水滴落下來」，文句一樣通暢。但若去掉主語「雨水」而保留「修飾語」，變成「屋頂上的滴落下來」，那就是冥王星文了。

除此，句中其他辭彙也能提供主語判斷，如（A）浮現檯面當然是「問題」，（D）「教育」當然是一種職業。作答這類試題甚為簡易，有時在嘴邊默念幾次，就能鐵口直斷答案了。

四、時間回到未來——

考題模擬

下列各選項「　」中的部分，何者不是該句的主語？

（A）「大地震」造成印尼巨大的傷亡

（B）「報紙」的不實廣告常引起糾紛

（C）「民眾」不滿一日數變的颱風假

（D）「台大」首度進入全球百大排名

【答案】（B）

【解析】

「不實廣告」才是主語，去掉修飾語「報紙」後，「不實廣告常引起糾紛」文句仍然通暢。

32. 連綿詞篇

一、歷史不可遺忘——

試題精選

有一些詞必須由兩個或兩個以上的音節合起來才能表達意義，像「徘徊」、「葡萄」即是。下列選項出現的語詞，何者與此相同？

(A)玲瓏
(B)彈簧
(C)身軀

（D）消逝

（二〇〇一年第二次基測試題）

二、撥雲霧見朝日——試題解答

【答案】（A）

【解析】

（A）玲瓏：兩字拆開後，無法另造新詞。

（B）彈簧：兩字拆開後，可各自成詞為「彈性」、「雙簧」。

（C）身軀：兩字拆開後，可各自成詞為「身體」、「軀幹」。

（D）消逝：兩字拆開後，可各自成詞為「消失」、「逝去」。

三、經驗必須記取——準備門道

上面題幹提到「有一些詞必須由兩個或兩個以上的音節合起來才能表達意義」，這樣的辭彙稱作「連綿詞」或「聯綿詞」。有的連綿詞拆開後，兩字都無法單獨生存，如「匍匐」一詞，無論是「匍」或「匐」，都沒有意義，無法另造新詞，上面試題（A）「玲瓏」也是如此。有的連綿詞拆開後，只有一字有意義，可另造新詞，如「蝴蝶」一詞，「蝶」尚可成詞為「蝶式」、「蝶衣」，「蝴」則一定要配上「蝶」才有意義。簡言之，只要有一字無法另造新詞，就叫連綿詞。

以下提供常見連綿詞作為參考

動物類連綿詞	形容類連綿詞
螳螂、蜈蚣、蚯蚓、蟋蟀、蜻蜓、蝴蝶	風流「倜儻」、八面「玲瓏」、「顢頇」無能、「覬覦」祖產、「繾綣」難捨、「憔悴」蒼老、「朦朧」不清、步履「蹣跚」、「踉蹌」而至、「囫圇」吞棗

連綿詞大多「部首相同」，且有「雙聲疊韻」關係，如部首皆

為「人」部的「倜儻」，音 ㄊㄧˋ ㄊㄤˇ，都是「ㄊ」聲。如部首皆為「虫」部的「螳螂」，音 ㄊㄤˊ ㄌㄤˊ，都是「ㄤ」韻。

然而，「部首」和「雙聲疊韻」只能做為判斷連綿詞的參考。真正要能答對此類試題，檢驗方法在於將兩字拆開，檢驗其意義並分別另造新詞。

四、時間回到未來——

考題模擬

「武功（甲）縱橫天下的明教教主張無忌，偶然（乙）邂逅趙敏公主。趙敏曾大鬧張無忌結婚大典，讓他（丙）尷尬不已。趙敏做事果斷，張無忌遇事（丁）躊躇不前，兩人個性可謂南轅北轍。」上文中畫線處的詞，何者拆開後仍各自成詞？

（A）（甲）

（B）（乙）

（C）（丙）
（D）（丁）

【答案】（A）

【解析】
（A）縱橫：南北直線為「縱」，東西平線為「橫」。拆開後可各自成詞為「放縱」、「橫財」。
（B）邂逅：沒有事先約定而偶然相遇。「邂逅」無法拆開各自成詞，是為連綿詞。
（C）尷尬：處境困窘或事情棘手，難以應付。
（D）躊躇：猶豫不決。「躊躇」無法拆開各自成詞，是為連綿詞。

33.外來語篇

試題精選

一、歷史不可遺忘——

下列選項，何者全部是外來語音譯的詞？

（A）披薩、沙發、巧克力
（B）邏輯、壽司、腳踏車
（C）電視、冰箱、摩托車
（D）番茄、麵包、冰淇淋

（二〇〇一年第一次基測試題）

二、撥雲霧見朝日——試題解答

【答案】（A）

【解析】

（A）披薩、沙發、巧克力：pizza、sofa、chocolate

（B）邏輯、壽司、腳踏車：logic、sushi（日文）、中文

（C）電視、冰箱、摩托車：中文、中文、motorcycle

（D）番茄、麵包、冰淇淋：中文、中文、icecream

三、經驗必須記取——準備門道

科技瞬息萬變，語言也跟著萬變瞬息，不斷創新的中文詞彙，很多來自外國語譯音。有人發誓「我若中了樂透頭獎，願意穿比基尼在六合夜市唱歌。」其中，「樂透」是「lottery」的譯音，原為

「彩券、彩票」之意；「比基尼」則為「bikini」譯音，意指「三點式泳裝」。

外來語豐富了中文的詞彙，而影響中文最深的外來語當屬「英文」。以下整理出高曝光率的外來語以供參考。

中文	外國語	意思
派對	party	宴會
優格	yogurt	酸乳酪
拷貝	copy	影印
麥克風	microphone	擴音器、傳聲器、揚聲器
馬殺雞	massage	按摩
卡路里	calorie	食物熱量計算單位

不勝枚舉又不斷翻新的外來語，讓學生感到恐慌。所幸，基測

試題已經多年不出了。其準備之道，除平日能留意報章新詞彙，掌握最新的外來語外，藉由「逐字翻譯」也可輕鬆判斷出外來語，如選項（A）「披薩」兩字和「食物」根本沾不上邊。「沙發」二字和「椅子」又有何關聯？「巧克力」怎麼看也不像甜點。三者當然都是外來語譯音。

四、時間回到未來——

考題模擬

下列選項「　」中所使用的語詞，何者沒有外來語音譯詞？

（A）「歐麥尬」！又是一支「紅不讓」，真不愧是打擊王。

（B）台灣人「電腦」和「手機」的擁有率，向來獨步全球。

（C）網站「部落格」處處陷阱，很難交到「麻吉」的朋友。

（D）那位「歐巴桑」談起她的「羅曼史」，總是口沫橫飛。

【答案】（D）

【解析】

（A）歐麥尬：「Oh ~my God」的譯音，意為「我的天啊」。

紅不讓：「homeround」的譯音，「全壘打」之意。

（C）部落格：「blog」的譯音，「網路日誌」之意。

麻吉：「match」的譯音，「相配」之意。

（D）歐巴桑：日文o-ba-san的譯音，意為「老婦人」。

羅曼史：「romance」的譯音，意為「愛情故事」。

34. 被動語氣篇

試題精選

一、歷史不可遺忘——

下列文句中的「於」字，何者表示被動的意思？

（A）名利之於小人，一如道德之於君子。

（B）楚敗於漢，楚王項羽自刎身亡。

（C）吾師學問淵博，尤精於醫學。

（D）贈人以言，勝於黃金美玉。

（二〇〇九年第一次基測試題）

二、撥雲霧見朝日——試題解答

【答案】（B）

【解析】

（A）於：對於

（B）於：被

（C）於：在

（D）於：比

三、經驗必須記取——準備門道

「被動語氣」在基測中偶爾出現，它屬於簡易得分題。其選項用字大多「半文半白」，如上列4個選項，其遣詞造句可謂「文白夾雜」。為何說它是簡易題呢？因為只要按照字面翻譯就可尋出答案。凡是翻譯時出現「被」字，就是「被動語氣」。

如選項（A）名利之於小人，翻成白話就是「名利對於小人」；選項（B）楚敗於漢，翻譯成白話就是「楚國被漢朝打敗」；選項（C）尤精於醫學，翻成白話就是「在醫學方面特別精通」；選項（D）勝於黃金美玉，翻成白話就是「比黃金美玉更好」。其中，翻譯成「被」字的，就只有答案（B）了。

同理，「受人之託」、「受人逼迫」、「令人不齒」、「遇人不淑」，根據上述作答技巧，翻譯成「被人託付」、「被人逼迫」「被人不齒」、「遇到惡人」，以「被」字為判斷準則，就可斷出只有「遇人不淑」不是被動語氣。

簡單吧！如果你連「被動語氣」試題都會失分，那就「令人不齒」了。

四、時間回到未來——

考題模擬

下列文句中的「為」字，何者沒有被動的意思？

（A）職棒比賽黑幕重重，「為」人詬病
（B）好人「為」壞人所連累，非常不公
（C）他「為」眾人謀取福利，不計一切
（D）許多人「為」生活所逼，鋌而走險

【答案】（C）

【解析】

（A）「為」人詬病：「被」他人批評
（B）好人「為」壞人所連累：好人「被」壞人所連累
（C）他「為」眾人謀取福利：他「替」眾人謀取福利
（D）「為」生活所逼：「被」生活所逼

35. 主客觀篇

一、歷史不可遺忘——

試題精選

下列報導文字，何者含有主觀的描述？

（A）詹詠然與莊佳容在澳洲網球賽中，奪銀而回。

（B）大陸冷氣團今晨報到，淡水氣溫創歷史新低。

（C）王董掏空公司資金潛逃出境，實為臺灣之恥。

（D）挑戰金氏紀錄，臺北國際書展將展出微型書。

（二〇〇七年第二次基測試題）

二、撥雲霧見朝日——試題解答

【答案】（C）

【解析】

（A）報導球賽結果，乃客觀敘述。

（B）報導低溫紀錄，乃客觀敘述。

（C）「台灣之恥」一句是個人感情好惡，乃主觀認知。

（D）報導書展紀錄，乃客觀敘述。

三、經驗必須記取——準備門道

「這部國片贏得國際最佳劇情獎」、「這部國片劇情非常吸引人」，這兩句話同樣是讚美國片劇情，然而敘述角度卻有所差別，前者乃客觀敘述，後者為主觀表達。主觀者，常有「數據」或「高低比較」，且不含私人感情判斷，如「最佳」劇情獎就是「第一名」劇情獎之意；客觀者，不僅沒有數據或高低比較，且充斥私人感情好惡，如「非常吸引人」一語，不過是自己情感上的喜歡罷了。

據此標準即可輕易判斷上面各選項之主客觀。選項（A）奪銀而回，乃奪得第二名之意；選項（B）創歷史新低，意為最低溫度，為「高低比較」；選項（D）挑戰金氏紀錄，也是「高低比較」；只有答案（C）不見數字或高低比較，「台灣之恥」則為個人情感判斷。

換言之，客觀角度就是眾人角度，它以數據作為事實的憑證；主觀角度就是個人角度，它常因個人喜惡而感情用事。如果這樣的說明仍然不解，也可試著將「我認為」三字融入各選項，能夠融入者為主觀描述，如答案（C）就可改成「我認為實為台灣之恥」，其他三者無法融入，自然是客觀描述了，簡單吧！

四、時間回到未來——

考題模擬

下列報導文字，何者含有主觀的描述？

（A）維持亞洲最低價，汽油反降2角。
（B）新流感疫苗開打，南部災民優先。
（C）明年春節，台灣股市將連休九天。
（D）虐狗事件頻傳，凶手當判處死刑。

【答案】（D）

【解析】

（A）最低價、汽油反降2角：前為高低比較，後屬數據，乃客觀敘述。
（B）南部災民優先：屬高低比較，乃客觀敘述。
（C）股市將連休九天：九天為數據，乃客觀敘述。
（D）凶手當判處死刑：「我認為」凶手當判處死刑，乃主觀敘述。

36. 正反面篇

一、歷史不可遺忘——

試題精選

若以「傘」為作文題目，下列何者是從反面進行構思聯想？

（A）頂著豔陽，頂著風雨，傘把困難留給自己，把方便讓給別人。
（B）長久生活在保護傘下，將難以鍛鍊堅強的意志及獨立的人格。
（C）開闔自如的傘，就好像能屈能伸的大丈夫可適應不同的環境。
（D）樸素堅實的黑傘，一如父親堅定有力的臂膀，護育兒女成長。

（二〇〇五年第一次基測試題）

二、撥雲霧見朝日——

試題解答

【答案】（B）

（A）傘的遮陽和避雨功能，是為正面讚美。

（B）難以鍛鍊堅強的意志，是為反面立論。

（C）傘的能屈能伸，是為正面讚美。

（D）傘的樸素堅實，是為正面讚美。

三、經驗必須記取——

準備門道

寫作文章時，要讓讀者信服提出的論點，很多人都會舉出論點的好處，這就是正面進行構思聯想，簡稱「正面立論」。以「勤勞」為例，提出「勤能補拙」就是正面立論勤勞的好處；同理，若是提出不勤勞會「坐吃山空」論點，那就是「反面立論」了。此法也非常適用於寫作，以「時間」題目為例，正面立說可舉「珍惜時間而成功」的正例，反面立說可舉「蹉跎時間而失敗」的負例。

簡言之，正面立論多「肯定」、「優點」、「好處」，反面立論為「否定」、「缺點」、「壞處」。據此標準判斷上面試題，選項（A）說明傘的遮陽蔽雨功能，選項（C）歌頌傘的能屈能伸，選項（D）讚美傘的樸素堅實，三者對傘都是正面肯定，唯有選項（C）出現「難以」否定字眼，是為反面立論。

這類試題難易度屬於中等，只要你能讀出選項是誇獎意涵或貶抑意涵，即可得分。部分國中國文範文即有正反面立說可供練習，同學不妨取出梁實秋〈鳥〉一文，找出哪些是反面寫鳥的苦悶？哪些是正面描寫鳥的吸引人處？

四、時間回到未來——

考題模擬

若以「小摺（小型腳踏車之暱稱）」為作文題目，下列何者是從反面進行構思聯想？

（A）小摺體積小、重量輕，非常方便攜帶。

（B）小摺興起運動風潮，國人生活更健康。

（C）部分小摺價格昂貴，讓人可望不可及。

（D）小摺非常環保，它不須使用汽油燃料。

【答案】（C）

【解析】

（A）「讚美」小摺方便攜帶

（B）「讚美」小摺帶來健康

（C）「批評」小摺價錢昂貴

（D）「讚美」小摺非常環保

37.動靜態篇

一、歷史不可遺忘——試題精選

下列選項，何者不屬於動態的描寫？

（A）牠像虹似地一下就消逝了，留下的是無限的迷惘。
（B）母親洗淨雙手，撮一撮桂花放在水晶盤中，送到佛堂供佛。
（C）他那秀美的面容，優閒的態度，完全表現出一個書生政治家來。
（D）用兩手攀著上面，兩腳再向上縮，他肥胖的身子向左微傾，顯出努力的樣子。

（二〇〇一年第一次基測試題）

二、撥雲霧見朝日——

試題解答

【答案】(C)

【解析】

(A)「消逝」為明確的動作。

(B)「洗淨」、「撮一撮」、「送到」：三者皆為明確的動作。

(C)沒有明確的動詞。

(D)「攀著」、「上縮」、「微傾」：三者皆為明確的動作。

三、經驗必須記取——

準備門道

動靜態試題不難不易，因為要耐心讀完一段文字，所以不易；只要找出動作即可覓出答案，所以不難。要找出動態，目光就要鎖住「動詞」，動詞的動作越大，動感跟著越大，答案也就越容易判斷。

上面選項（A）、（B）、（D）很容易就能找出動詞，所以都是動態描寫。三者之中，以（D）最具動感，「攀著」、「上縮」、「微傾」連續又急促的動詞，鮮明地描繪出此人的動作。次為（B），它也有三個動作，然而節奏較慢，所以動態感不似（D）強烈。至於（A），因為「消逝」得太快了，且重點在「迷惘」，所以動態感最薄弱。答案（C）「表現」二字，動詞成分微乎其微，它屬於靜態的神情展現。

此外，作答此類試題時，也可將句子想像成畫面，畫面移動越大，動態感越強烈。用此標準檢驗上面試題，（A）、（B）、（D）皆有移動畫面，唯有（C）的書生政治家是原地不動，所以就是答案了。

四、時間回到未來——

考題模擬

下列哪個選項的描寫最具動態感？

（A）面對甚囂塵上的婚外情，他無言地對著記者麥克風。
（B）皮膚黝黑的農民，神情凝重地對著生產過剩的水果。
（C）她那出色的臉孔，高雅的穿著，表現出貴婦的氣質。
（D）大學生上課聊天、吃泡麵、隨意走動，好像菜市場。

【答案】（D）

【解析】

（A）不見動詞，且畫面未曾移動，是為靜態描寫。
（B）不見動詞，且畫面未曾移動，是為靜態描寫。
（C）不見動詞，且畫面未曾移動，是為靜態描寫。
（D）「聊天」、「吃泡麵」、「走動」皆為動詞，且有移動畫面，是為動態描寫。

38. 倒反修辭篇

試題精選

一、歷史不可遺忘——

「昨天摔一跤，今天掉錢包，什麼好事全讓我碰上了！」這句話裡的「好事」，其實是指「倒楣事」，這是一種「倒反」的修辭法。下列何者也使用相同的修辭法？

（A）他雖然家財萬貫卻一毛不拔，大家都叫他「富甲一方的鐵公雞」。

（B）即使經理打個噴嚏，課長都認為是天籟，如此奉承，真是「超凡入聖」。

（C）溫暖的家庭就像暴風雨中的避風港，破碎的家庭卻像避風港中的暴風雨。

（D）小胖說：「只要努力再努力，即使我這胖胖的身軀也可擠進成功的窄門。」

（二〇〇九年第一次基測試題）

二、撥雲霧見朝日——

試題解答

【答案】（B）

（A）富甲一方的鐵公雞：映襯法。

（B）如此奉承，真是超凡入聖：表面誇獎對方超凡入聖，實際是諷刺對方拍馬屁。

（C）譬喻兼排比。

（D）胖胖的身軀也可擠進成功的窄門：映襯法。

三、經驗必須記取——

準備門道

倒反修辭是一種高級的罵人藝術，它的特色是「字面上是誇獎，字面下是諷刺」。要達到如此效果，負面行為和正面誇獎之間的落差就要大，才不會讓人信以為真。

選項（B）就是，明明課長對經理極盡諂媚奉承之能事，這種拍馬屁的惡劣行為，我們唾棄都來不及了，竟然誇獎課長「超凡入聖」，讚美他是聖人再世。此處，「奉承」和「超凡入聖」落差甚大，任何人一看，都可嗅出文字中的諷刺意味，絕不會對「超凡入聖」信以為真。此外，為了強調倒反修辭，通常在諷刺處以「 」（引號）來標出它另有含義如（B）。如此奉承，真是「超凡入聖」。

日常生活中，隨處可見倒反修辭，如「『早啊』！妳今天11點『就』起床了，真是『早起的鳥兒有蟲吃』。」11點已是接近中午，「早啊」、「就」、「早起的鳥兒有蟲吃」三處和11點落差甚大，所以都是倒反修辭。

倒反修辭除可從「前後落差」判斷外，因為它具有喜劇效果，所以也可從「會心一笑」判斷。如果罵人句子還能令你會心一笑，八成就是倒反修辭了。

四、時間回到未來——

考題模擬

下列何者沒有使用倒反修辭法？

（A）朋友已經落難，你還拔刀相刺，這種「義氣」叫人佩服。
（B）小胖肺部已亮起紅燈，你還請他抽菸，真是「好心腸」。
（C）經過你「開金口祝福」，他果然感染新流感，住院去了。
（D）婚姻最初是相敬如賓，繼而是相敬如冰，最後相敬如兵。

【答案】（D）

【解析】

（A）「諷刺」對方不顧道義，為倒反修辭
（B）「諷刺」對方雪上加霜，為倒反修辭
（C）「諷刺」對方一語成讖，為倒反修辭
（D）「感慨」婚姻前後差異，為層遞修辭

39. 春聯篇

一、歷史不可遺忘——

試題精選

春節期間許多人家會張貼春聯，但常有人困惑於上下聯的次序。下列哪一副春聯的貼法是正確的？

（A）
門右：千瑞臨門生佳氣
門左：萬福集堂聚太和

（B）
門右：五福星臨吉慶門
門左：三陽日照平安宅

（C）

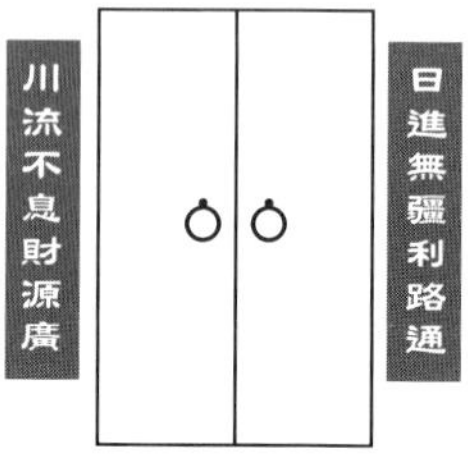

日進無疆利路通

川流不息財源廣

（D）

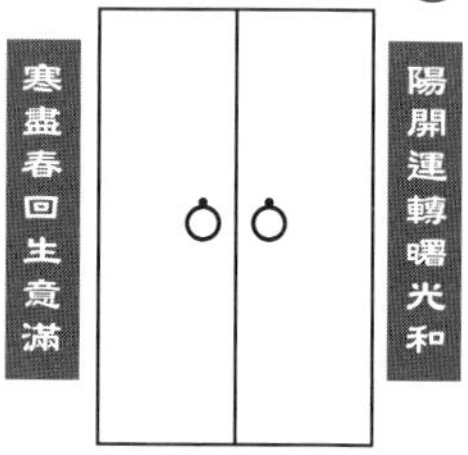

陽開運轉曙光和

寒盡春回生意滿

（二〇〇五年第一次基測試題）

二、撥雲霧見朝日——試題解答

【答案】（A）

面對門的右邊張貼上聯，左邊則為下聯。至於上下聯判斷，請看底下「準備門道」單元。

三、經驗必須記取——準備門道

據說，春聯是由「桃符」演變而來。「桃符」是古代畫門神的木板，五代時有人別出心裁在桃符上題字：「新年納餘慶，佳節號長春」，從此有了春節貼春聯的習俗。今日春節所見之「一元復始，萬象更新」、「花開富貴，竹報平安」等，都是淵源於此。

春聯是對聯的一種，它也有上下聯之分，上聯最後一字為仄聲（大多為國語三、四聲），如一元復始的「始」，花開富貴的「貴」；下聯最後一字為平聲（大多為國語一、二聲），如萬象更新的「新」，竹報平安的「安」。

辨別出上下聯之後，不可隨意張貼在大門左右兩側，因為它有固定的擺放位置。通常，面對大門右邊張貼上聯，左邊張貼下聯，口令為「右上左下」。

所以，要答對春聯試題就要經過兩道關卡，第一關為判斷上下聯，第二關為張貼正確門聯位置，兩者缺一則有失分之虞。選項（A）對聯最後一字分別為「氣」、「和」，「氣」聯當為上聯，「和」聯則為下聯，故張貼位置正確。其他（B）（C）（D）選項，根據上下聯平仄關係，可推論其張貼位置錯反。

四、時間回到未來——

考題模擬

下列哪一副春聯的貼法是正確的？

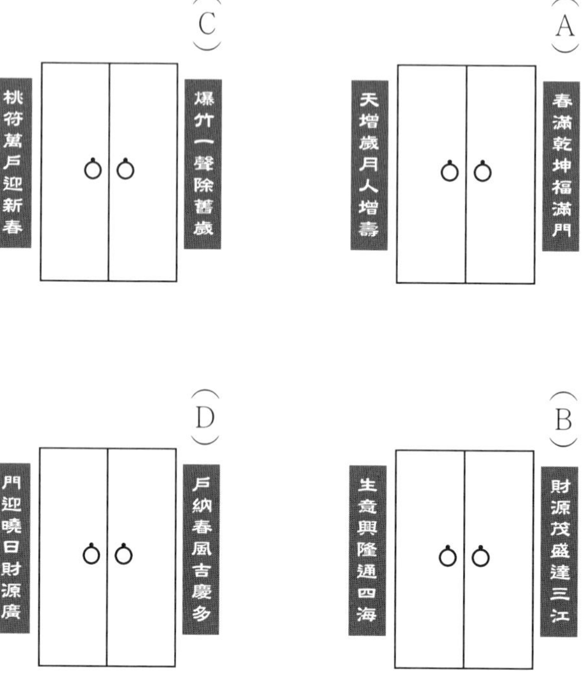

【答案】（C）

【解析】

根據末字平仄可辨別上下聯，再根據「右上左下」門聯張貼法，即可選出答案（C）。

40. 對偶修辭篇

試題精選

一、歷史不可遺忘——

下列文句，何者屬於對偶句？

（A）張目對日，明察秋毫。
（B）斯是陋室，惟吾德馨。
（C）行行鄙夫志，悠悠故難量。
（D）朔氣傳金柝，寒光照鐵衣。

（二〇〇九年第一次基測試題）

二、撥雲霧見朝日——試題解答

【答案】（D）

【解析】選項（D）最符合對偶條件，對偶修辭之判斷請詳見底下「準備門道」。

三、經驗必須記取——準備門道

對偶、對聯、對句、對仗，四者嚴格來講有些微不同，但對剛入門的國中生而言，歸為同一種修辭即可。

兩個句子的字數相等是對偶句的基本條件，上面四個選項都符合這條件。但這只是門檻，還無法確定是否為對偶句。檢驗對偶句的最好方法是從「數字」、「顏色」下手，如同學耳熟能詳的「兩個黃鸝鳴翠柳，一行白鷺上青天」，數字（一、兩）顏色（黃、白）兼具，大概就是對偶句了。

如果沒有數字顏色可供判斷，則可改由「詞性」辨識，如「鳴翠柳」和「上青天」，三字的詞性都是「動詞」、「形容詞」、「名詞」，詞性相同也是對偶句的特色，詞性中以「動詞」最容易辨別，同學可由此下手。

底下表格有更詳細的整理，藉由此表即可看出對偶句的特徵。

	數字	量詞	顏色（形容詞）	動物（名詞）	動作（動詞）	顏色（形容詞）	自然（名詞）
兩個黃鸝鳴翠柳	兩	個	黃	鸝	鳴	翠	柳
一行白鷺上青天	一	行	白	鷺	上	青	天

至於如何判斷上下聯？上下聯又該張貼在門的哪一邊？可回頭

複習39回的春聯篇提及「上仄下平」和「右上左下」兩個辨識法。

要達到字字相對，須有很深厚的國學底子。若偶有一兩處不符要求，雖然對得不是很工整，我們還是稱它為對聯。

四、時間回到未來——

考題模擬

下列文句，何者不屬於對偶句？

（A）君恩深似海，臣節重如山
（B）中國捷克日本，南京重慶成都
（C）錢多事少離家近，位高權重責任輕
（D）兩情若是長久時，又豈在朝朝暮暮

【答案】（D）

【解析】

(A)洪承疇為明末重臣，本受朝野推崇，曾自題門聯：「君恩深似海，臣節重如山。」後來變節降清，時人遂各添一字，變成「君恩深似海矣，臣節重如山乎」，以諷刺洪承疇變節求榮。全句「君臣」、「山海」、「詞性」等都符合對偶。

(B)此為中日八年戰爭後的對聯，地名對地名，且「捷克」、「重慶」都當副詞、動詞。

(C)此為諷刺時下求職者的有名對聯。「離家」和「責任」詞性有異，前者有「動詞」，後者則無，對仗稍欠工整。除此，其他詞性相同，故也是對偶句。

(D)此為宋代秦觀的名詞。詞性不同，且前句沒有疊詞可對後句的「朝朝暮暮」，故不是對偶句。

41. 因果篇

一、歷史不可遺忘——

試題精選

「撥雲見日」中的「撥雲」與「見日」之間含有條件關係，下列何者也含有這種關係？

（A）守株待兔
（B）集腋成裘
（C）因循怠惰
（D）即知即行

（二〇〇六年第二次基測試題）

二、撥雲霧見朝日——

試題解答

【答案】（B）

（A）兔子出現和守著樹株，沒有條件關係。

（B）只有狐狸腋下的毛聚集一多，才能縫製成一件皮衣。兩者有條件關係。

（C）因循：敷衍怠慢；怠惰：懈怠懶惰。兩者意思相近，沒有條件關係。

（D）即知即行：馬上知道馬上去做。指行事迅速積極。兩者沒有條件關係。

三、經驗必須記取——

準備門道

所謂「條件關係」就是「因果關係」，也就是前面為「因」（條件），後面為「果」。翻譯時，若能譯出「因為」、「所以」，或「只有」、「才能」，幾乎就可判斷為「因果關係」。如題幹的「撥雲見日」，可翻譯成「因為撥開雲霧，所以可以看到太陽」，或是「只有撥開雲霧，才能看到太陽」。又如答案（B）

集腋成裘，翻譯時會出現「只有」、「才能」，所以也是條件成語。反之，其他三個選項都無法翻譯出「因為」、「所以」或「只有」、「才能」。

以下將部分條件成語整理成表格，讓因果關係更加明確。

成語	原因（條件）	結果	解說
撥雲見日	撥雲	見日	因為撥開雲霧，所以可以看到太陽。
水到渠成	水到	渠成	因為河水流過，所以自然成渠。比喻事情條件完備則自然成功，不須強求。
兔死狗烹	兔死	狗烹	因為兔子死盡，所以烹煮獵狗。比喻統治者殺戮功臣。
望梅止渴	望梅	止渴	因為看到梅子，所以就不口渴了。比喻用空想來安慰自己。
樹大招風	樹大	招風	因為樹長得高大，所以容易受到風吹。比喻個人名聲太大，容易招來嫉妒毀謗。

要答對此類成語試題，還是得靠平日成語的累積功夫。若不懂成語意思，當然就無法藉助翻譯而找出條件關係了。

四、時間回到未來——考題模擬

下列哪個選項的成語具有條件關係？

（A）滴水穿石
（B）雪中送炭
（C）加油添醋
（D）對牛彈琴

【答案】（A）

【解析】

（A）只有不斷滴水，才能穿透石頭。比喻有志者事竟成，為條件關係。

（B）在人艱困危急之時，給予適時的援助。
（C）傳述事情時，任意增添情節，誇大、渲染其內容。「加油」、「添醋」，兩詞意思相近。
（D）比喻對不懂道理的人講道理，或講話不看對象。

42. 賓語提前篇

一、歷史不可遺忘——

試題精選

「馬首是瞻」就是「瞻馬首」的意思，「是」為助詞，它的作用是將「馬首」提前。下列文句中的「是」字，何者用法也相同？

(A)眼見「是」實，千萬不要道聽塗說。
(B)做事當惟力「是」視，不要逞強稱能。
(C)小弟弟迷了路，一時之間不知如何「是」好。
(D)他所提出的計畫，被主管批評得一無「是」處。

(二〇〇六年第二次基測試題)

二、撥雲霧見朝日——試題解答

【答案】（B）

【解析】

（A）眼見「是」實：才是。

（B）惟力「是」視：助詞，無義。整句意思為「量力而為」。

（C）如何「是」好：才是。

（D）一無「是」處：對的、正確的。

三、經驗必須記取——準備門道

「主語＋述語＋賓語」是漢語的基本句型，主語就是主詞，述語就是動詞，賓語當然就是受詞了，以「我愛鳥」一句為例，三者皆備。題幹有「『馬首』提前」一語，其實就是「『賓語』提前」

的意思，蓋「馬首是瞻」是「瞻馬首」的倒裝，它將「瞻馬首」之前的主語省略了，也許是「『他們』瞻馬首」，也許是「『我們』瞻馬首」。請看底下分析即可一目了然：

主語	＋	述語	＋	賓語
（省略）		瞻		馬首

那麼，「賓語提前」有何用意呢？其目的在「強調」，也就是將賓語改放在醒眼的前面，給人第一印象，強調它的重要。賓語提前的句型大多出現在文言文，且常有助詞如「之」、「是」穿插其間，以下表格所舉之例大多取自教材，仔細觀察，即可看出它的特點。

例句	助詞	賓語	倒裝前
蓮之愛	之	蓮	（主語省略）愛蓮
唯利是圖	是	利	（主語省略）唯圖利
何陋之有	之	陋	（主語省略）有何陋
唯兄嫂是依	是	兄嫂	（主語省略）唯依兄嫂
城之不拔者二耳	之	城	（主語省略）不拔之城有二耳

此外，也可藉助翻譯判斷「賓語提前」。翻譯時如果「賓語」一定要回歸到後面位置才能譯出，那就是賓語提前的倒裝句了。如「蓮之愛」翻譯成「喜愛蓮花」、「何陋之有」翻譯成「有什麼地方簡陋呢？」都是。

四、時間回到未來——

考題模擬

下列選項「　」中，何者沒有將賓語提前？

（A）泡麵廣告和內容差很大，這家食品廠商「何信義之有」？

（B）小丘扮成木偶同人誌遊街，他對「布袋戲之愛」無人能比

（C）你要好好練習，明日飆舞大賽若是出包，將「唯你是問」。

（D）花蓮大地震造成天搖地動，許多人在「恐慌之中」逃離住家。

【答案】（D）

【解析】

（A）何信義之有：賓語「信義」提前，為「有何信義」之倒裝。
（B）布袋戲之愛：賓語「布袋戲」提前，為「愛布袋戲」之倒裝。
（C）唯你是問：賓語「你」提前，為「唯問你」之倒裝。
（D）恐慌之中：在恐慌之時，沒有賓語提前和倒裝。

43.冗詞贅語篇

一、歷史不可遺忘——

試題精選

下列各句，何者文字使用最為精簡？

（A）電影《魔戒》甫才一上片，影迷隨即爭相走告，因而場場爆滿。
（B）美國九一一事件後，全美各地沒有一處無不是籠罩在恐懼之中。
（C）媒體將偷拍光碟流入到市面，侵犯個人隱私，我們該加以抵制。
（D）政治人物和偶像歌手一同上台獻唱，將跨年演唱會帶入最高潮。

（二〇〇五年第一次基測試題）

二、撥雲霧見朝日——試題解答

【答案】（D）

【解析】

（A）甫才：「甫」就是「才」，當刪一字。

（B）句中，「各地」和「沒有一處」意思相同，當刪一詞。

（C）流入到：「流入」等於「流到」，「入」、「到」當刪一字。

三、經驗必須記取——準備門道

「冗詞贅語」就是多餘無用的詞語。有人笑稱它是「脫褲子放屁——多此一舉」；有人則視其為「贅肉肥油」，非拔除這眼中釘不可。「冗詞贅語」大多來自口語交談，如小黑說：「最後……我……終於完成作品了」，寫成文章時，萬不可全盤照抄，要修飾成「最後我完成作品了」或「我終於完成作品了」。「精簡」正是優質文章的特色之一。

作答此類試題，可一個字一個字默念選項，通常「不順口」處就是「冗詞贅語」處，如上面試題「甫才一上片」、「流入到市面」念來非常拗口，此時再對「拗口處」詞語「逐字逐詞」解釋，即可發現意思相同的「冗詞贅語」，刪去這些「濫竽充數」的冗詞選項，就可找到蓮花般「中通外直、不蔓不枝」的正確答案了。

四、時間回到未來——

考題模擬

「戲劇結束收場，觀眾紛紛離席」，句中「結束」意同「收場」，是為「冗詞贅語」。下列哪個文句沒有冗詞贅語？

（A）一聽到「就業博覽會」，他馬上立刻前去應徵工作。

（B）急單效應發酵，官員說：「經濟春燕彷彿好像已經來了。」

（C）「生老病死」是每個人必須都要經歷的人生課題。
（D）政府推出「免試入學高中職」方案，贊成反對的都有。

【答案】（D）

【解析】
（A）「馬上」意同「立刻」，刪一詞。
（B）「彷彿」意同「好像」，刪一詞。
（C）「必須」意同「都要」，刪一詞。

44.句型篇

試題精選

一、歷史不可遺忘——

從句型來看，「良將乃國之棟梁」是判斷句。下列選項「　」中的句型，何者也屬於判斷句？

(A)「人非草木」，孰能無情。
(B)「求仁得仁」，又有何怨？
(C)「人而無信」，不知其可。
(D)「死生有命」，富貴在天。

（二〇〇五年第一次基測試題）

二、撥雲霧見朝日——

試題解答

【答案】（A）

【解析】

（B）「求仁得仁」：敘事句

（C）「人而無信」：有無句

（D）「死生有命」：有無句

三、經驗必須記取——

準備門道

國中語文常識有「四大句型」單元，定義清楚，判辨簡單。「四大句型」剛好派入「四個選項」，於是成了基測試題的常客。四大句型簡單敘述如下：

（一）判斷句

含有「是」或「不是」判斷語氣的句子，如上面試題「良將乃國之棟梁」，文言文的「乃」，就是白話文的「是」。

（二）有無句

隱含「有」或「沒有」涵義的句子，如上面試題「死生有命」、「人而無信」，前者「有」字，清楚可辨；後者「無」字，意同「沒有」。

（三）敘事句

除了上面以「是」為動詞的「判斷句」和以「有」為動詞的「有無句」外，句子只要有其他動詞，就是敘事句，如「泰國政府強力鎮壓紅衫軍」，「鎮壓」是動詞。

（四）表態句

沒有「動詞」的句子稱作「表態句」，如「山川壯麗」、「物產豐隆」。

四大句型以「動詞」區分，只要找出「動詞」，就能輕易分出句型，同學只要多做幾道試題，就能駕輕就熟了。但並不是句中出現「有無」字眼就是「有無句」，出現「是非」就是「判斷句」。請看底下試題。

四、時間回到未來——

考題模擬

下列選項「 」中的句型，何者說明正確？

（A）「商人搬有運無」，讓經濟活絡起來——有無句

（B）「她四處搬弄是非」，唯恐天下不亂——判斷句

（C）「這家小籠包美味可口」，難怪門庭若市——表態句

（D）「小張到處惹是生非」，令人頭痛——判斷句

【答案】（C）

【解析】
（A）「搬」、「運」才是動詞，所以是「敘事句」。
（B）「搬弄」才是動詞，所以是「敘事句」。
（C）沒有動詞，所以是「表態句」。
（D）「惹」、「生」才是動詞，所以是「敘事句」。

45. 標點符號篇

一、歷史不可遺忘——

試題精選

「正因為有仇恨的可怕，人們才有愛與關懷的需求□正因為人生有種種缺憾和不如意，我們才不斷學習寬容□學習知足與感恩。」句中□處，依序應填入何種標點符號？

（A），、
（B）。、
（C）；；
（D）；、

（二〇〇五年第一次基測試題）

二、撥雲霧見朝日——

試題解答

【答案】（D）

【解析】

（A）逗號「，」用於分開句內各短語或表示語氣的停頓。頓號「、」用於並列連用的單字、詞語之間，或標示條列次序的文字之後。

（B）句號「。」用於一個語義完整的句末，不用於疑問句、感嘆句。

（C）分號「；」用於分開複句中平列的句子。如「南港在北部，不在南部；北港在南部，不在北部。」

三、經驗必須記取——

準備門道

「一逗到底」是現今學生寫作時常犯的毛病。整篇文章都是逗號，行文語氣未免過於單調，這種平鋪直敘的文章，不見高低起伏，較難引人讀與。若能合適的使用各種標點符號，除能讓文章具有變化性外，更能幫助閱卷老師理解你的大作。所以「標點符號」不僅在試題方面要注意，寫作測驗時更須留心。

國中的語文常識有「標點符號」單元，裡面介紹幾種常用又簡單的標點符號，理解定義後，再配合舉例印證，就可應用自如。歷年來，基測「標點符號」試題向來簡單（如上面試題），同學應把握這種基本分。

除此，底下三處也請留意：

一、「他的嘴巴一直念著殺很大、殺很大、殺很大……」末處刪節號「……」只能點六點（每格三點，佔兩格）。

二、「新流感正肆虐，你要去墨西哥?!」一個格子不能同時出現「?!」兩種標點符號。

三、「竟然有人在高速公路撒錢，哇咧＃％＆＊」文章中不可出現「＃％＆＊」這些外星符號。

四、時間回到未來——

考題模擬

下列選項□中的標點符號運用，何者有誤？

（A）出席會議人員有□專家、學者、各級代表、機關首長等↓：

（B）豬流感難道不會傳染嗎□↓？

（C）跑路藝人復出拍攝廣告，一人分飾多角，有奶奶、爸爸、媽媽□↓……

（D）唉呀□花老師燙了一顆令人噴飯的爆炸頭↓。

【答案】（D）

【解析】

（A）冒號「：」用於總起下文，或舉例說明上文。

（B）問號「？」用於疑問句之後。

（C）刪節號「……」用於節略原文、語句未完、意思未盡或表示語句斷斷續續等。

（D）應為驚嘆號「！」驚嘆號用於感嘆語氣及加重語氣的詞、語、句之後。

46. 主旨篇

一、歷史不可遺忘——

試題精選

「把掌聲留給自己，你的荷包不會變多一點，但你的朋友會少一個；把掌聲留給自己的伙伴，你的荷包不會變少，但你會多一個朋友。」這句話的主旨與下列何者最接近？

(A)掌聲是幸福人生不可或缺的良伴。
(B)友誼的手，常伸向不吝讚美的人。
(C)朋友的多寡可決定財富與掌聲的多寡。
(D)能適時鼓掌的人，最懂得奉獻的道理。

(二〇〇九年第二次基測試題)

二、撥雲霧見朝日——

試題解答

【答案】（B）

【解析】

「掌聲」就是「誇獎」，將功勞攬為己有，朋友將憤然而去；將成功歸於他人，則四海之內皆兄弟。要贏得友誼，就要大方讚美他人。

三、經驗必須記取——

準備門道

主旨試題向來是基測國文科的主打，二〇〇九年第二次基測48道考題中，就有十餘道出現「涵義」、「主旨」字眼的試題。它的形式是先出現一段文字讓考生閱讀，然後再問這段文字的「主旨」、「涵義」或「標題」，如上面「試題精選」即是典型試題。

它的取材包天包地，大至聖人名言，小至販夫走卒對話。其選項通常具有「誘答性」，也就是出現部分文章字眼，如上面選項出現「掌聲」、「朋友」等即是。閱讀文章若是選自「文言文」，那就是「難很大」的試題了。想在高分群中出類拔萃，文言文主旨試題是成敗最大關鍵。

此類試題文字後面通常有一層意義，如上面試題中，「掌聲」之於「讚美」，「荷包」之於「財富」。有時，文章舉出數個例子後作出結論，再讓考生下標題。如分舉「土石流」、「漂流木」、「污染水源」等例，末段點出「與大自然共處」。標題當然就是「與大自然共處」了。此例不過冰山一角，實際上由於選材文章千變萬化，它的答題技巧跟著萬化千變。

坊間此類試題多如牛毛，品質良窳不一，部分試題模稜兩可，常讓同學手足無措。基測試題則經過層層把關，選項既有誘答性，答案又令人信服。

這類試題測驗著同學的「閱讀理解能力」，檢覈著考生多年來的語文能力。勤做類似試題當是應對策略，建議同學先作答歷年試題，明確它的出題方向和形式後，再挑選一本好的參考書練習，當能日起有功。

四、時間回到未來——

考題模擬

雕刻家朱銘說：「我沒有什麼特殊技巧，我只是刻到我自己感動叫絕為止。」下列哪個選項是這句話所要表達的意涵？

（A）、朱銘重視雕刻技巧。
（B）、朱銘作品讓人感動。
（C）、朱銘喜愛雕刻自己。
（D）、朱銘專注投入工作。

【答案】（D）

【解析】

「我沒有什麼特殊技巧」的意涵是「謙虛」，「我只是刻到我自己感動叫絕為止」是「不斷雕刻」，意涵是「專注」。

國家圖書館預行編目資料

名師施教麟解題：46種關鍵題型／800道基測國文試題大解析／施教麟著. --初版. --臺北市:寶瓶文化, 2010. 04
面； 公分. --(catcher ; 38)
ISBN 978-986-6249-04-4 (平裝)

1. 國文科 2. 基本學力測驗

524.311　　99004880

catcher 038

名師施教麟解題——46種關鍵題型／800道基測國文試題大解析

作者／施教麟

發行人／張寶琴
社長兼總編輯／朱亞君
主編／張純玲・簡伊玲
編輯／施怡年
美術主編／林慧雯
校對／張純玲・陳佩伶・余素維・施教麟
企劃副理／蘇靜玲
業務經理／盧金城
財務主任／歐素琪　業務助理／林裕翔
出版者／寶瓶文化事業有限公司
地址／台北市110信義區基隆路一段180號8樓
電話／(02) 27494988　傳真／(02) 27495072
郵政劃撥／19446403　寶瓶文化事業有限公司
印刷廠／世和印製企業有限公司
總經銷／大和書報圖書股份有限公司　電話／(02) 89902588
地址／台北縣五股工業區五工五路2號　傳真／(02) 22997900
E-mail／aquarius@udngroup.com

法律顧問／理律法律事務所陳長文律師、蔣大中律師
如有破損或裝訂錯誤，請寄回本公司更換
著作完成日期／二〇一〇年一月
初版一刷日期／二〇一〇年四月
初版三刷日期／二〇一〇年四月九日
ISBN／978-986-6249-04-4
定價／二八〇元

愛書人卡

感謝您熱心的為我們填寫，
對您的意見，我們會認真的加以參考，
希望寶瓶文化推出的每一本書，都能得到您的肯定與永遠的支持。

系列：Catcher038　**書名：名師施教麟解題**　**46種關鍵題型／800道基測國文試題大解析**

1. 姓名：＿＿＿＿＿＿＿＿　性別：□男　□女
2. 生日：＿＿＿年＿＿＿月＿＿＿日
3. 教育程度：□大學以上　□大學　□專科　□高中、高職　□高中職以下
4. 職業：＿＿＿＿＿＿＿＿
5. 聯絡地址：＿＿＿＿＿＿＿＿＿＿＿＿＿＿＿＿＿＿＿＿

   聯絡電話：＿＿＿＿＿＿＿＿　手機：＿＿＿＿＿＿＿＿
6. E-mail信箱：＿＿＿＿＿＿＿＿＿＿＿＿＿＿＿

   □同意　□不同意　免費獲得寶瓶文化叢書訊息
7. 購買日期：＿＿＿ 年 ＿＿＿ 月 ＿＿＿日
8. 您得知本書的管道：□報紙／雜誌　□電視／電台　□親友介紹　□逛書店　□網路　□傳單／海報　□廣告　□其他
9. 您在哪裡買到本書：□書店，店名＿＿＿＿＿＿　□劃撥　□現場活動　□贈書　□網路購書，網站名稱：＿＿＿＿＿＿　□其他＿＿＿＿＿＿
10. 對本書的建議：（請填代號　1. 滿意　2. 尚可　3. 再改進，請提供意見）

    內容：＿＿＿＿＿＿＿＿＿＿＿＿

    封面：＿＿＿＿＿＿＿＿＿＿＿＿

    編排：＿＿＿＿＿＿＿＿＿＿＿＿

    其他：＿＿＿＿＿＿＿＿＿＿＿＿

    綜合意見：＿＿＿＿＿＿＿＿＿＿＿＿＿＿＿＿＿＿＿＿＿＿＿＿
11. 希望我們未來出版哪一類的書籍：＿＿＿＿＿＿＿＿＿＿＿＿＿＿＿＿

讓文字與書寫的聲音大鳴大放

寶瓶文化事業有限公司

（請沿此虛線剪下）

廣　告　回　函
北區郵政管理局登記
證北台字15345號
免貼郵票

寶瓶文化事業有限公司　收

110台北市信義區基隆路一段180號8樓
8F,180 KEELUNG RD.,SEC.1,
TAIPEI.(110)TAIWAN R.O.C.

（請沿虛線對折後寄回，謝謝）